ÉTAT

DES

HABITATIONS OUVRIÈRES

A LA FIN DU XIXe SIÈCLE

Étude suivie du Compte rendu des Documents
relatifs aux petits Logements qui ont figuré à l'Exposition
universelle de 1889

PAR

Emile CACHEUX

Ingénieur des Arts et Manufactures,
Vice-Président de la Société française d'hygiène,
Membre du Conseil d'Administration de la Société française des Habitations
à bon marché et de la Société des Habitations ouvrières de Passy-Auteuil,
Trésorier du Congrès international des Habitations à bon marché, etc.

PARIS

BAUDRY & Cie, Libraires-Éditeurs

15, Rue des Saints-Pères, 15

1891

INTRODUCTION

Devenu, par suite de circonstances particulières, propriétaire de quelques maisons d'ouvriers contenant près de quinze cents logements, j'ai été amené à m'occuper des petits logements parisiens. En visitant mes immeubles, je fus très peiné de voir l'état déplorable des logements dans lesquels grouillaient mes locataires. Voulant y remédier, je visitai des maisons analogues, et je fus très surpris de les trouver dans les mêmes conditions. J'eus alors recours à mon ancien professeur de l'Ecole centrale, M. Emile Muller, et je lui exposai mes vues. Malgré ses nombreuses occupations, mon regretté maître voulut bien mettre à ma disposition, avec les nombreux documents qu'il avait recueillis pendant une période de trente ans, l'expérience acquise en construisant diverses cités ouvrières, parmi lesquelles celle de Mulhouse est la plus connue.

Je ne pouvais du reste pas mieux tomber, car M. Muller venait précisément d'être chargé par M. Jean Dollfus, l'éminent philanthrope alsacien, d'étudier, pour Paris, un projet de cité ouvrière analogue à celle de Mulhouse. Nous nous mîmes à l'œuvre; malheureusement, la mort vint frapper M. Jean Dollfus et arrêter nos projets de construction. Pour utiliser nos documents nous publiâmes sur les *Habitations ouvrières en tous pays*, un ouvrage qui, exposé en 1878, obtint une médaille d'or. Les mille exemplaires de la première édition ayant été utilisés, et la question des habitations ouvrières ayant fait de grands progrès, nous fîmes paraître une nouvelle édition en 1889. Le manuscrit, présenté à l'Académie des sciences morales et politiques, nous valut une récompense de mille francs, et l'atlas, exposé en 1889 à la section d'économie sociale, fut honoré d'une médaille d'or. Tout en me livrant à des études théoriques, je ne perdis pas de vue le côté pratique de la question des petits logements, et je fis construire plusieurs maisons pour me rendre compte des besoins d'un ménage d'ouvrier. Je ne voulus pas m'occuper de maisons à étages, car en ce genre d'habitations personne n'en fera de plus convenables que M. Godebeuf qui fut chargé de construire, en 1852, pour le compte du gouvernement français, dix-sept maisons modèles destinées à loger les ouvriers mariés et célibataires. Je me suis donc contenté de consacrer une partie de mes ressources à l'amélioration de mes premières maisons, réservant le reste à l'établissement de nouvelles constructions pour une famille, en adoptant le système de Mulhouse uni à celui de Building societies anglaises. A cet effet, j'ai acheté de vastes terrains; je les ai lotis; j'ai construit une centaine de maisons suivant une vingtaine de types divers et je les ai vendues par annuités. J'ai également vendu le reste de mes terrains en donnant vingt ans de délai; j'ai prêté au besoin les trois quarts de la somme nécessaire pour construire, et j'ai donné vingt ans pour me rembourser. En un mot, j'ai effectué toutes les opérations possibles relatives aux petites constructions, sauf l'émission d'obligations, opération qui ne peut être faite que par une société. J'ai rendu compte de mes travaux dans l'*Économiste pratique*, ouvrage honoré d'une récompense de mille francs par l'Académie des sciences morales et politiques, et j'y ai donné les plans d'exécution de mes maisons.

Les *Habitations ouvrières en tous Pays* et l'*Économiste pratique* sont les ouvrages les plus complets sur le sujet qui nous intéresse; malheureusement, leur prix est trop élevé et c'est pourquoi j'ai pris la résolution de publier un *Manuel des Habitations ouvrières* qui mettra rapidement le lecteur au courant de la question des petits logements à bon marché.

État actuel de la Question des Habitations ouvrières. — D'après M. Jules Simon, la situation des petits logements n'aurait pas varié beaucoup depuis trente ans. S'il faut en croire les rapports de M. le Dr du Mesnil et ceux de ses collègues, membres des commissions des logements insalubres, l'ouvrier serait toujours aussi mal logé que par le passé. Nous ne sommes pas de cet avis. Il est bien évident que les membres des commissions des logements insalubres ne visitent pas des palais ; ils se rendent là où on leur signale des locaux défectueux. Si l'on consultait la statistique des petits logements dans Paris, on verrait que beaucoup d'entre eux ont été établis dans ces dernières années, et, comme de telles constructions ne peuvent être faites qu'après l'approbation des plans par l'administration, il est évident qu'un grand nombre de petits logements convenables ont été mis à la disposition des travailleurs. Nous verrons que d'autres grandes villes ont suivi ce mouvement. Dans les campagnes, on a remplacé beaucoup de chaumières par des maisons convenables, et on a vu, par la grande quantité de plans exposés dans la section d'Économie sociale, que les architectes savent aujourd'hui établir des constructions convenables pour les ouvriers.

Faut-il conclure de ce que nous disons que la question des habitations ouvrières est résolue et qu'il est inutile de s'en occuper davantage ? Nous serions désolés de voir ainsi interpréter notre pensée, car, pour nous, il reste encore considérablement à faire sous ce rapport.

Combien de maisons dites modèles ne méritent pas ce titre ? Nous chercherons donc à démontrer l'importance de loger le travailleur dans des conditions convenables, non seulement au point de vue du bien-être personnel, mais encore pour l'intérêt général et l'équilibre social.

Nous étudierons par suite l'influence du logement au triple point de vue hygiénique, moral et économique.

Influence du Logement au point de vue hygiénique, moral et économique. — L'influence du logement sur la santé est très considérable. Tout le monde sait qu'un logement restreint, mal aéré et insuffisamment éclairé est insalubre ; il est nuisible même aux personnes aisées qui se nourrissent confortablement et qui ne se livrent pas à un travail fatigant. D'après plusieurs médecins, un certain nombre des affections chroniques de la gorge sont incurables tant que ceux qui en sont atteints habitent un logement exposé au nord et dans lequel les rayons solaires ne pénètrent pas facilement. Il est bien évident que si un ouvrier, après une rude journée de travail, passe la nuit dans un endroit humide et chargé de miasmes, il y contractera des germes de maladie au lieu d'y renouveler ses forces. Cette influence du logement est d'autant plus nuisible qu'elle ne s'exerce que petit à petit, et, quand ses effets se font sentir, il est souvent trop tard pour les combattre. C'est surtout pendant les épidémies que l'on reconnaît les pernicieux effets d'une habitation malsaine, et c'est toujours dans les quartiers où ces logements sont en plus grand nombre que les épidémies commencent et qu'elles se propagent rapidement malgré les mesures les plus énergiques.

C'est encore dans les maisons humides, mal ventilées et encombrées que la fièvre typhoïde règne à l'état permanent. D'après M. Douglas-Galton, dont la réputation comme hygiéniste est incontestée, le typhus contagieux est, par excellence, la maladie des malheureux et des mal logés.

Pour agir sur les personnes mal logées, quelques médecins refusent de donner leurs soins à celles qui sont placées dans des milieux assez défectueux pour que les effets des miasmes soient plus puissants que ceux des remèdes.

Au point de vue moral, les conséquences résultant d'une habitation insuffisante ne sont pas moins déplorables. Bien des plumes éloquentes ont tracé le sombre tableau de l'intérieur d'un ménage d'ouvriers où les membres vivent sans souci des lois de la pudeur et de la morale! Rien n'est plus triste que de voir une famille livrée à ses occupations habituelles dans une chambre où un cadavre attend qu'on le mette en bière

Cette cohabitation continuelle, dans une pièce unique, de personnes de différents âges et de différents sexes, dont le nombre s'élève quelques fois à 8 ou 10, est absolument immorale.

Il est bien évident aussi que l'instruction d'un enfant y devient impossible et que le père est excusable, à un certain point, lorsqu'après une journée de travail bien remplie, il va chercher au cabaret quelques instants de repos qu'il ne trouve pas dans son logement.

De plus, lorsqu'un ménage est logé à l'étroit, il redoute d'avoir des enfants, et c'est à cette exiguïté que M. Jules Simon attribue la décroissance de la population parmi les travailleurs français.

Au point de vue économique, l'état du logement est également intéressant à étudier.

Nous venons de démontrer qu'un local encombré et malsain favorise le développement de la maladie parmi ses habitants ; il en résulte des chômages, des pertes, des dépenses supplémentaires et, par suite, des difficultés pour le paiement régulier des loyers, d'où éloignement du capitaliste pour les opérations immobilières, ayant pour objet de loger l'ouvrier.

Nous avons longuement développé dans l'ouvrage les *Habitations ouvrières en tous Pays*, les preuves de ce que nous avançons ; nous nous contenterons de dire ici que, sans chercher à démontrer théoriquement les bons effets de l'amélioration des logements, les Anglais ont résolument abordé le côté pratique de la question des habitations ouvrières, c'est-à-dire, qu'après avoir construit des maisons modèles, ils constatèrent que la mortalité des locataires diminuait considérablement, que le chiffre des naissances augmentait, qu'une aisance relative remplaçait l'état de gêne qu'on remarque en général dans les familles des travailleurs, que l'état moral des locataires s'améliorait, que les dépenses relatives à l'entretien des malheureux diminuait et que, par suite, la réforme de l'habitation était un des meilleurs moyens de diminuer la misère.

Dès 1842, « the Society for improving the dwellings of the labouring classes » s'occupe de l'amélioration des petits logements ; en 1844, elle fut secondée dans son œuvre par la « Métropolitan Association ».

Les deux sociétés, travaillant de concert, firent toutes les opérations immobilières qui pouvaient guider les constructeurs désireux de retirer un revenu rémunérateur de leurs capitaux en établissant des petits logements convenables. Les Sociétés construisirent donc des maisons pour une et plusieurs familles ; elles prirent en principale location et elles achetèrent des immeubles en mauvais état puis, après les avoir améliorés, elles les mirent à la disposition du public ; elles construisirent des hôtels pour ouvriers célibataires, et elles observèrent soigneusement les résultats obtenus. L'effet le plus frappant fut la diminution de la mortalité qui varia dans les maisons modèles de 16 à 20 °/₀₀, tandis que, dans les autres habitations voisines, la proportion des décès était de 30 à 40 °/₀₀.

Au point de vue pécuniaire, les résultats furent très intéressants. Dans les maisons neuves, on retira de 4 à 6 °/₀ du capital employé. Les opérations relatives aux réparations d'immeubles furent souvent désastreuses, par rapport au rendement des capitaux employés, et il en fut de même de l'exploitation d'hôtels pour ouvriers célibataires.

Les Sociétés publièrent leurs résultats dans de nombreuses brochures ; elles vendirent à des prix insignifiants de nombreux plans d'exécution de maisons modèles, et elles déterminèrent un mouvement qui se transmit à toutes les classes de la Société.

Le prince Albert fit établir à ses frais deux maisons modèles dans l'enceinte de l'Exposition de Londres ; des membres du clergé anglican firent démolir des immeubles en mauvais état, et les remplacèrent par un nombre égal de logements convenables ; les institutions de prévoyance affectèrent, à l'acquisition d'obligations hypothécaires émises par des Sociétés d'habitations ouvrières, une partie de leurs réserves. La presse contribua beaucoup au succès de la campagne dirigée contre l'insalubrité des logements ; elle parvint à émouvoir jusqu'aux policemen qui, dans une supplique adressée au lord maire de Londres, demandèrent à la municipalité de les mettre à même d'habiter autre part qu'au milieu de personnes qu'ils étaient souvent forcés d'arrêter.

La bienfaisance ayant démontré la possibilité de retirer un revenu rémunérateur des constructions destinées au logement des ouvriers, la spéculation s'en est occupée, et elle a consacré à ce genre d'immeubles, de 1857 à 1888, une sommme de 350 millions. Une somme à peu près équivalente a été employée pour démolir des maisons insalubres. Les résultats produits par cette dépense ont été les suivants :

La mortalité générale de l'Angleterre est descendue à 20 °/₀₀ ; le nombre des maladies a été considérablement diminué ; ainsi, les cas de diphtérie qui étaient annuellement, pendant la période de 1851 à 1860, de 268 pour 100,000 habitants, ont été réduits à 212 de 1871 à 1880.

Les cas de typhus contagieux ont subi une réduction dans la proportion de 230 à 1.

L'amélioration des habitations ouvrières n'a pas été circonscrite à l'Angleterre. Dès 1851, le gouvernement français faisait traduire dans notre langue l'ouvrage anglais de Henry Roberts, architecte des maisons modèles, et en répandait un grand nombre d'exemplaires.

Bientôt après, il mettait une somme de dix millions à la disposition d'un Comité, avec mission de la consacrer à l'amélioration des habitations ouvrières. L'empereur Napoléon fit construire également des cités ouvrières à étages. Vers cette époque, la Société des cités ouvrières de Mulhouse construisait ses premières maisons pour une famille, et elle démontrait la possibilité de vendre une maison moyennant le paiement d'une annuité dont la valeur était à peine supérieure à celle du loyer d'un logement de surface équivalente. Les autres pays de l'Europe suivirent le mouvement, et, dès l'Exposition de 1867, on put constater les résultats de nombreux efforts faits pour améliorer les petits logements. A partir de 1878, nous pûmes publier dans un ouvrage spécial les plans de cent types d'habitations ouvrières plus ou moins bien distribuées, mais contenant toutes un nombre suffisant de pièces pour loger convenablement une famille. Alors le mouvement de réforme des petits logements s'accentua, ainsi qu'on put le voir en 1889, par le grand nombre de plans de maisons d'ouvriers qui furent exposés, soit dans la section XI du groupe de l'Économie sociale, qui leur fut spécialement consacrée, soit dans les diverses autres parties de l'Exposition.

A l'occasion du Congrès des habitations à bon marché, MM. Raffalovich et Rouillet purent augmenter la bibliographie que nous avions préparée pour la deuxième édition de notre ouvrage sur les habitations ouvrières, et ils portèrent à près de 800 le nombre des ouvrages et brochures qui ont trait aux petits logements.

Dans sa dernière séance, le Congrès des habitations à bon marché, tenu à Paris en 1889, nomma une Commission permanente internationale à l'effet d'étudier la question des petits

logements. Cette Commission, dont j'ai l'honneur d'être le trésorier, n'a pas encore été réunie. Par contre, son président,
M. Jules Siegfried, député, a provoqué la création de la *Société
française des habitations à bon marché*, qui comprend dans
son sein un grand nombre de notabilités. Citons parmi ses
membres principaux : MM. les Sénateurs Jules Simon, Dietz-
Monnin, de Normandie, G. Picot, de l'Institut, Ch. Robert, de
Crisenoy, anciens conseillers d'Etat; J. Rochard, E. Cheysson,
président de la Société d'*Économie sociale*; E. Trélat, architecte
en chef du département de la Seine ; Antony Roulliet, A. Raffalovich, A -J. Martin, secrétaire général adjoint de la Société de
médecine publique ; Jourdan, chef du bureau des logements
insalubres ; Dr du Mesnil, Fleury Ravarin, R. Blech, Lalance,
ancien député; Puaux, etc.

Lorsque de tels hommes s'occupent d'une question, elle ne
peut manquer d'être bien étudiée.

CHAPITRE Ier

Description d'un Logement d'ouvrier. — Conditions auxquelles il doit satisfaire pour que le Travailleur soit logé convenablement.

Un logement d'ouvrier doit être, à la fois, salubre, commode et économique. Rendre un logement salubre est une des premières conditions qu'un constructeur doit chercher à remplir, car lorsqu'un chef de famille tombe malade, la misère avec son hideux cortège de souffrance ne tarde pas à envahir le logis du travailleur.

La commodité dans un logement doit être recherchée, car c'est un des éléments qui contribuent le plus à la propreté dans un ménage. Lorsqu'une maison est bien distribuée et qu'elle est pourvue des dépendances nécessaires, il en résulte une grande économie de temps pour la ménagère.

L'économie est évidemment l'élément le plus essentiel dont il faut tenir compte quand on construit un logement.

Si le loyer en est trop élevé, l'ouvrier, forcé de le payer, en sous-loue une partie; il en résulte que la construction remplissant les meilleures conditions hygiéniques devient insalubre par suite des effets de l'encombrement. Tout en cherchant à réaliser des économies, il faut bien se garder de négliger la solidité des constructions. Rien n'est plus coûteux que les petites réparations, lorsqu'on est obligé de les faire par l'intermédiaire d'un architecte et d'un entrepreneur. Dans certains cas, néanmoins, il est bon de construire légèrement pour arriver à obtenir un logement à un prix de revientassez bas, pour le céder à bon marché, car c'est le seul moyen d'habituer l'ouvrier à se loger dans un espace suffisant. Lorsqu'on vend une maison construite dans ces conditions, l'acquéreur peut utiliser ses moments perdus à l'agrandir et à faire les réparations.

Quand on en reste propriétaire, on peut se demander s'il n'est pas plus avantageux de construire une maison devant durer trente ou quarante ans, que d'en faire une revenant à un prix de trente à quarante pour cent plus élevé. On sait qu'une somme d'argent, placée à intérêts composés, au taux de 5 %, double de valeur en quatorze ans, et qu'elle devient quadruple au bout de vingt-huit ans. Il est bon quelquefois de tenir compte de ce fait, surtout quand on construit des maisons légères sur des terrains susceptibles de prendre une certaine valeur au bout de quelques années.

Nous passerons rapidement sur les qualités des logements ; nous renvoyons les personnes qui s'occupent de cette question à notre ouvrage sur les *Habitations ouvrières en tous Pays*, mais nous étudierons les conditions générales auxquelles ils doivent satisfaire de façon à mettre nos lecteurs le plus rapidement possible au courant de la question des habitations ouvrières.

Les habitations ouvrières se divisent en deux catégories suivant qu'elles sont destinées à des célibataires ou à des pères de famille.

Habitations ouvrières pour Célibataires. — Les ouvriers célibataires sont logés soit chez les patrons, soit dans des familles, soit dans des logements loués ou construits spécialement à cet effet.

Les ouvriers logés chez les patrons le sont souvent dans des conditions défectueuses. Dans les *Habitations ouvrières en tous Pays*, nous avons cité le cas d'un ouvrier qui se cassa une jambe en tombant d'un lit placé tellement près du plafond qu'il le touchait quand il se dressait sur son séant. Ce fait nous explique pourquoi en Allemagne et en Autriche les inspecteurs du travail sont chargés de visiter les logements d'ouvriers. Dans les campagnes, les domestiques sont en général mal logés, beaucoup d'entre eux couchent dans des écuries; malheureusement nous n'avons pour apprécier l'influence de l'habitation sur la durée de leur vie qu'une statistique anglaise qui indique que la vie moyenne des fermiers est de dix ans supérieure à celle de leurs valets.

Dans les villes, les domestiques sont également logés dans des conditions défectueuses. A Paris, surtout, depuis qu'on a adopté le système de loger les domestiques dans les combles, on constate chez eux une grande démoralisation. Ainsi que le disait M. Muller, dans la remarquable préface de notre ouvrage sur les *Habitations ouvrières en tous Pays :* « Quand les domestiques sont agglomérés dans ces détestables milieux, l'homme se corrompt, la femme déchoit ; tous se liguent contre les maîtres et s'entretiennent dans des sentiments de malveillance contre les classes supérieures.

« Elles n'ont pas de pires ennemis que ces pauvres gens, et elles ne doivent s'en prendre qu'à elles-mêmes, car rien de tout cela ne se serait certainement produit si elles avaient su, comme certaines familles le font encore, loger leurs serviteurs au milieu d'elles et les protéger contre eux-mêmes. »

Au point de vue de la santé, les effets des mauvaises conditions des logements de nos domestiques sont désastreux. D'après une statistique que nous avons dressée avec des éléments fournis par M. Trébuchet, nous avons trouvé que la mortalité des domestiques a été à Paris, en 1853, de 155.8 %, tandis que celle des ouvriers en coton ne dépassait pas 27 %.

En Angleterre, d'après la statistique officielle, la mortalité moyenne des hommes âgés de 15 à 75 ans est de 39 % ; celle des domestiques est de 48 %.

La mortalité exceptionnelle que l'on a observée chez les domestiques, à Paris, s'explique par les étroites dimensions des mansardes où ils couchent, par l'obscurité et l'insalubrité des cuisines et offices dans lesquels ils passent leur vie. Ces causes ont d'autant plus d'influence sur les domestiques que ces derniers sont en général les personnes trop faibles pour supporter les rudes travaux de la campagne et qui émigrent dans les villes dans l'espoir d'y trouver des occupations plus douces.

Le séjour des célibataires dans les familles peut constituer une source de recettes pour le ménage, mais il est susceptible d'y produire des résultats déplorables au point de vue moral.

Les personnes qui louent des locaux pour y loger des ouvriers sont ordinairement des vieilles femmes qui remplacent la mère des compagnons d'autrefois. Elles préparent la soupe de leurs locataires ; elles raccommodent leurs effets et elles leur rendent mille petits services, moyennant un prix peu élevé. Malheureusement, les conditions sanitaires dans lesquelles se trouvent leurs locataires laissent à désirer. En général, les ouvriers couchent à deux dans un lit placé dans une chambre à coucher dont les dimensions sont à peine suffisantes pour les besoins d'une seule personne.

A Paris, les ouvriers habitent le plus souvent chez des logeurs qui exercent en même temps le métier de marchand de vins. Le prix du loyer est peu élevé, par contre, les conditions hygiéniques du logement sont souvent défectueuses. En raison du grand nombre de cas de maladies épidémiques, de fièvres typhoïdes notamment, qui ont été relevés dans les garnis, l'autorité fait une guerre acharnée aux logeurs dont les chambres ne satisfont pas aux règlements édictés par la municipalité.

La construction ayant subi un arrêt à Paris, la police a pu exiger l'observation stricte des règlements et il en est résulté que beaucoup de logeurs en garni ont fermé leur établissement.

En 1852, l'Etat français fit construire un hôtel meublé-modèle, pour ouvriers célibataires. J'en ai donné le plan dans l'*Economiste pratique*. Chaque locataire peut disposer d'une chambre dont la capacité dépasse de beaucoup celle qui est exigée par les règlements, savoir : 14 mètres cubes ; il en résulte que le prix de revient d'une chambre est beaucoup trop élevé.

Les boutiques du rez-de-chaussée ont été affectées, l'une, à une salle de lecture, l'autre, à un restaurant économique. La salle de lecture est peu fréquentée, le restaurant n'a jamais fonctionné, quoique parfaitement outillé au point de vue des appareils de cuisson des aliments.

L'hôtel donne des résultats médiocres au point de vue pécuniaire et il ne remplit pas le but auquel il était destiné. Les chambres sont trop belles pour des ouvriers ; elles sont occupées par des employés qui sont charmés de trouver à bon compte un bon logement.

Dans les endroits isolés, les manufacturiers sont souvent obligés de s'occuper du logement de leurs ouvriers. Lorsque leurs usines ne doivent avoir qu'une existence éphémère, ils construisent des bâtiments provisoires. Souvent, ils logent leurs ouvriers gratuitement, mais ils s'inquiètent fort peu des conditions sanitaires.

En Russie, on cite des endroits où un lit sert à deux hommes employés l'un le jour, l'autre la nuit. Il est vrai qu'en Russie. l'ouvrier ne quitte pas ses vêtements.

Par contre, quelques patrons construisent des hôtels meublés qui ne laissent rien à désirer. Dans le nombre, nous citerons l'hôtel Louise, à Trost, et celui d'Ougrée, en Belgique.

Le premier de ces établissements mérite surtout une mention spéciale, car il réunit tous les avantages qu'on peut trouver dans une société civilisée. Lorsque l'ouvrier quitte son chantier, il prend un bain; quand il en sort, il trouve à la place de ses vêtements salis par le travail un habillement propre. Aussitôt vêtu, il se dirige, soit au café, soit à la bibliothèque pour attendre l'heure du repos ou .celle du coucher. Nous n'avons qu'un reproche à faire à cette institution, c'est qu'elle reçoit des hommes mariés. La famille de ces derniers habite en général une ville située à une certaine distance de l'hôtel pour y trouver, à bas prix, les choses nécessaires à la vie ; il en résulte que le père ne voit sa femme et ses enfants qu'un jour par semaine.

Il serait intéressant d'étudier pour ouvriers célibataires des hôtels faits suivant des systèmes transportables, tels qu'on en a vu à l'Exposition de 1889. Ainsi, M. Poitrinneau construit des maisons qui reviennent à mille francs la chambre, et qui peuvent être montées en deux jours. Le transport des diverses parties de la maison se fait aisément par chemin de fer. Une maison composée de quatre pièces revient à 4,000 francs ; prise sur chantier; son transport à 200 kilomètres et son montage augmenteraient son prix de revient de 250 à 300 francs. Il est bien évident que si l'on se contentait d'un dortoir avec cloisons pour isoler chaque lit, la construction reviendrait à bien meilleur compte.

Logements pour Ouvriers mariés. — Un logement pour ouvrier marié doit se composer de deux ou trois pièces, d'une cuisine et des dépendances nécessaires pour permettre à la famille de faire quelques provisions et d'entretenir des animaux domestiques.

Lorsqu'un ouvrier habite la campagne et qu'il ne passe dans sa maison que le temps nécessaire pour se reposer, il peut à la rigueur se contenter d'une seule pièce et d'une salle à manger-cuisine, comme les locataires des maisons suédoises dites modèles ; mais, dans les villes, où l'ouvrier travaille pendant la journée dans des ateliers dont l'atmosphère est souvent viciée, il est urgent de mettre à sa disposition un logement convenable. D'après M. E. Muller, il faut donner à un logement d'ouvrier une salle commune, où la famille peut se réunir le soir, une cuisine et un nombre de pièces suffisant pour séparer les sexes pendant la nuit. Un logement complet se composerait donc d'une salle de réunion de $4^m \times 4^m = 16$ mq, de deux chambres à coucher dont chacune aurait 3^m sur 4^m soit 12 mètres carrés de superficie et d'une cuisine de $2^m \times 3^m$. Les privés, l'escalier et les couloirs donneraient au logement une surface totale de 50 mètres carrés environ.

Le cube d'air serait de 112 mètres cubes, par suite, il permettrait, d'après les règlements qui allouent 14 mètres cubes d'air à une personne, à huit personnes d'y habiter.

En pratique, il est très rare de voir des ouvriers disposer d'un logement d'une surface atteignant celle que nous venons d'indiquer. Le prix de revient de la construction ne permet pas à un spéculateur de mettre un logement complet à la portée de la bourse d'un ouvrier ; d'un autre côté, ce dernier ne dispose pas en général d'un mobilier suffisant pour garnir trois pièces. Un certain nombre d'industriels ont loué à leurs ouvriers des logements composés de trois pièces et d'une cuisine, mais ils sont loin de former la majorité.

En Angleterre, on trouve souvent des logements d'ouvriers composés de plus de quatre pièces. Les Anglais tiennent beaucoup à la séparation des sexes. Ainsi, nous avons vu à l'Exposition de Londres, en 1886, un plan de logement d'ouvriers composé d'une grande chambre et de trois cloisons mobiles qui permettaient de former le soir trois cabinets séparés.

La cuisine séparée de la salle à manger facilite à la ménagère la bonne tenue du logement ; au point de vue hygiénique, l'air n'est pas souillé par les émanations culinaires.

Par contre, la cuisson des aliments, faite dans un endroit séparé de la salle où la femme se tient habituellement, nécessite l'emploi de deux lumières et de deux feux. En pratique, dans les petits logements parisiens, la cuisine se fait en hiver sur un poêle en fonte que l'on place devant la cheminée de la salle à manger et la cuisine sert simplement de cabinet de débarras. En été, le poêle est démonté et on fait au charbon de bois la cuisson des aliments.

C'est après s'être rendu compte de ces faits que M. Chabrol, architecte de la Société Philanthropique, a disposé dans la salle à manger un renfoncement dans lequel il a encastré un fourneau de cuisine en fonte. De cette façon, la chambre est chauffée par le fait de la cuisson des aliments et il suffit d'une lumière.

M. Vaillant, architecte de la Société coopérative du XVIIIᵉ arrondissement, a placé la cuisine à côté de la salle manger. Il a disposé le fourneau de cuisine en face de la cheminée de la salle à manger, et il a percé la cloison de séparation de telle sorte que le feu du fourneau de cuisine est vu de la salle à manger. En été, on se garantit de la chaleur au moyen d'une plaque qui forme registre et ferme la communication entre la cuisine et la salle à manger.

Dépendances d'un Logement. — Le complément indispensable d'un petit logement est le privé. Pendant longtemps on a placé les privés en dehors des maisons. Dans les anciennes maisons à étages on a des privés communs pour les locataires. Un progrès a été fait en les établissant pour l'usage de chaque sexe, car on a remarqué que les femmes les salissaient plus que les hommes. Néanmoins, comme les privés communs sont très difficiles à tenir propres, et comme ils constituent la plus grande cause d'insalubrité des maisons ouvrières parisiennes, on commence dans les maisons modernes, à en placer un dans l'intérieur de chaque logement. Dans les dernières maisons faites pour le compte de la Société Philanthropique de Paris, M. Chabrol n'a pas craint de séparer les privés de la salle à manger par une simple porte. Le système de privés employé est celui du tout à l'égout, qui a été si perfectionné par MM. Geneste et Herrscher.

Les dépendances principales d'un logement sont le grenier et la cave. Le grenier est commun dans les pays froids, là où l'on est obligé de faire des toits avec une forte pente, pour tenir compte du poids de la neige qui tombe en grande quantité pendant l'hiver. Souvent le grenier sert de chambre à coucher, soit pour les enfants, soit pour des locataires ; il est donc nécessaire de calculer les dimensions de façon à ce que les personnes qui y couchent disposent d'un cube d'air suffisant. Lorsque le toit est plat, le faux plancher qui le sépare des pièces habitées est construit très légèrement ; par suite, on ne peut guère, dans ce cas, utiliser l'espace vide au dessus de l'étage. Le grenier sert beaucoup dans les campagnes pour sécher le linge ; en Angleterre, les toits sont souvent disposés de façon à faciliter cette opération.

Dans les villes, ce sont les caves et les caveaux qui servent le plus aux ouvriers pour y placer les provisions du ménage : le bois, le charbon, le vin, quelques légumes secs, etc.

Dans les campagnes, il convient d'adjoindre au logement quelques bâtiments légers pour y loger des animaux domestiques, tels que porcs, vaches, chèvres, etc.

Lorsqu'on le peut, il est très important de donner à chaque ménage un petit lot de terrain qui puisse servir de jardin, dont la culture permet aux membres de la famille d'utiliser leurs moments perdus et d'augmenter les ressources de leur budget tout en passant agréablement leur temps.

Il suffit d'un espace de 120 à 150 mètres carrés pour fournir à une famille les légumes dont elle a besoin.

Lorsque le terrain est cher, la surface des jardins est réduite au minimum ; on en tire parti en cultivant des fleurs et en y plantant quelques arbres fruitiers.

En pleine campagne, on peut donner aux ouvriers des champs à cultiver. — Ainsi que nous le verrons dans l'étude des habitations ouvrières exposées, on loue moyennant un franc par an et par are, des terres dont l'étendue atteint jusqu'à 20 ares.

CHAPITRE II

Construction d'une Maison

Lorsqu'on a le choix d'un terrain, il faut en rechercher un qui réunisse le plus de conditions possibles de salubrité.

Ce terrain, pour être approprié à sa destination, doit être :

Sec ou susceptible d'être drainé ;

Composé de matériaux imputrescibles ;

Placé à une distance convenable de tout voisinage nuisible et à une altitude convenable ;

Enfin, exposé de façon à être à l'abri des vents dominants dans la région.

En général, le constructeur n'a pas à s'occuper du choix du terrain ; il est donc forcé de chercher à l'assainir le plus possible. A cet effet, il devra s'assurer, avant tout, de l'abence de tout dépôt d'immondices, car rien n'est plus propre à donner des fièvres qu'un sol qui renferme des matières organiques en décomposition. Très souvent, après des recherches faites à la suite de décès causés par des fièvres, on a découvert que des maisons étaient établies sur des terres rapportées, contenant des débris organiques.

Lorsque des sondages ont révélé l'existence de foyers miasmatiques, on cherche à les réduire, et, quand on n'y arrive pas, on recouvre le sol de la cave d'une couche de ciment.

L'humidité est également une grande source de maladies. On s'en préserve assez aisément en drainant le sol et en disposant le terrain de façon que les eaux pluviales s'écoulent convenablement.

Le voisinage des mines est en général nuisible à la santé, ainsi que celui de tout dépôt de matières végétales.

Le voisinage des forêts, des cours d'eau bien entretenus est salubre. Mais il faut avoir soin de placer le sol des caves au-dessus du niveau des eaux.

Une altitude moyenne est à rechercher. Le fond des vallées est humide. Lors de l'épidémie d'influenza de 1889, les ouvriers de M. Mulot, à Saint-Chéron, qui habitaient des maisons situées sur une hauteur, ne furent pas atteints par le mal, tandis que ceux qui demeuraient dans les parties basses le furent tous plus ou moins gravement.

On remarque souvent que les habitants des villages situés dans des vallées sont sujets à des fièvres et à des maux d'yeux. Les terrains bas des villes sont exposés à être infectés pas les miasmes provenant du refoulement de l'eau dans les égouts. A Genève, la mortalité est plus considérable dans la basse ville que dans la haute. Les altitudes très élevées sont salubres, mais ne conviennent pas à tous les tempéraments.

L'orientation doit être telle, que le soleil puisse entrer dans toutes les parties de la maison. On a remarqué, en Russie, que la proportion des malades guéris, soignés dans des salles exposées au soleil, était plus considérable que celle des malades traités dans les salles restant dans l'ombre.

Lorsque le terrain est en bordure d'une rue, mise en état de viabilité, c'est-à-dire, pourvue d'un égout, munie de canalisations d'eau potable et de conduites pour le gaz, etc., il est facile de se débarrasser des eaux ménagères et des vidanges ; mais, quand l'architecte a une cité à installer, il doit s'attacher à lotir convenablement le terrain dont il dispose. On cite en Angleterre des spécialistes qui ne s'occupent que du lotissement du sol.

Il est inutile de desservir les habitations ouvrières par des rues aussi larges et aussi coûteuses que celles qui sont ordinairement classées par les villes qui se chargent de leur entretien. D'après le docteur Strasmann, on ne doit pas tolérer de maisons dont la hauteur dépasse la largeur de la rue et comprenant plus de trois étages sans le rez-de-chaussée; de plus, il faut exiger que le tiers de la surface de la propriété reste libre de constructions.

J'ai essayé de faire des rues de huit mètres de large, et j'ai interdit aux acquéreurs de construire sur une zone de deux mètres bordant la rue. L'effet a été déplorable. Quelques propriétaires ont abandonné le terrain en façade, leurs voisins l'ont clos, il en est résulté un alignement bizarre.

J'ai fait des rues de dix mètres de large, et j'ai réussi à les faire classer par la commune de Vanves ; mais, il n'en a pas été de même à Asnières et à Boulogne-sur-Seine.

Lorsqu'on ne peut pas arriver à faire classer les rues par les communes, il vaut mieux les faire de quatre à cinq mètres de large — et les brancher sur des artères principales. — Bien entendu, en cas de vente, on établit un cahier des charges de façon à ce que les habitations soient toujours entourées d'un espace d'air suffisant.

Il est encore essentiel de faire tous les travaux de canalisation avant de paver ou de macadamiser : des tranchées faites après coup pour placer des tuyaux servant soit à la canalisation d'eau, soit à celle du gaz provoquant des ennuis par suite des tassements qui se produisent.

L'entretien des voies privées est ordinairement fait par les soins d'un syndicat, qui fonctionne plus ou moins bien, suivant que les riverains sont dans une situation plus ou moins aisée. Nous avons toujours eu des désagréments pour recouvrer les petites cotisations d'ouvriers syndiqués.

Lorsqu'on veut lotir des propriétés pour les vendre par petits lots, il est donc important de chercher à faire des rues susceptibles d'être classées par la commune où l'on construit. Disons, à cet effet que, dans le canton de Vaud, il est interdit de construire sur une zone du territoire des communes lorsqu'elle n'est pas desservie par des rues pourvues d'égouts.

A Paris, une rue classée par la ville revient à 400 francs le mètre linéaire.

12m00 carrés de terrain......................	84.10
2m00 de bordure de trottoir, à 18 »».........	36 »
7m00 de pavage, à 16 »»....................	115.20
2m10 de bitume, à 7 »».....................	14.70
2m00 de canalisations d'eau.................	30 »
Egout (type n° 12)....	110 »
Eclairage.................................	10 »
Total...........	400 »

On conçoit que, sur des rues de ce genre, il ne soit possible d'élever que des maisons ouvrières à plusieurs étages.

Quelquefois on fait l'acquisition d'un terrain profond ayant peu de façade sur une ou deux rues, on le traverse par un passage, on établit sur les rues des maisons à étages et on construit sur le passage de petits pavillons.

Cette solution a été adoptée, cité des Cailloux, à Clichy, par M. Jouffroy-Renault ; Villa des Rigoles, à Belleville, par la Société coopérative immobilière des ouvriers de Paris ; par moi, au boulevard Murat.

Nous n'avons pas à insister sur la canalisation des eaux potables ni sur celle du gaz ; ces travaux sont faits par les soins de compagnies puissantes qui les exécutent dans de bonnes conditions.

Il est essentiel de fournir de l'eau pure aux travailleurs. On sait aujourd'hui, d'une façon certaine, qu'un grand nombre de maladies sont transmises par l'eau, notamment la fièvre typhoïde. C'est pour corriger les effets de l'eau que les Anglais se servent comme boisson d'infusion de plantes plus ou moins aromatiques. Il faut quelquefois chercher l'eau à des distances considérables lorsque celle des puits n'est pas potable.

Les communes se chargent en général de fournir l'eau à leurs administrés ; lorsqu'elles sont trop peu importantes pour faire des travaux qui dépassent leurs ressources, elles se syndiquent ou elles s'arrangent avec un industriel qui fait les avances en échange de concessions souvent onéreuses pour les habitants. La fourniture de l'eau constitue une industrie très importante. Depuis quelques années, il s'est constitué des sociétés privées qui ont pour objet d'approvisionner d'eau potable un certain nombre de petites communes rurales.

Les Industriels se chargent souvent de mettre de l'eau potable à la disposition de leurs ouvriers. MM. Solvay et Cie, dont l'usine est à quelque distance de la Moselle, ont fait une tranchée à 200 mètres du rivage. Cette tranchée sert de puits, ils y recueillent l'eau, qui, par suite de l'état sablonneux du terrain, est filtrée économiquement et est livrée avec une pureté suffisante.

On se sert quelquefois avec avantage de puits instantanés,

comme dans la cité d'Avignon, où l'eau est à un mètre du niveau du sol.

Lorqu'on emploie l'eau de puits, il est très important de l'empêcher d'être souillée soit par les vidanges, soit par les eaux ménagères.

Quand on ne peut avoir recours aux puits, on construit des citernes. La citerne peut occuper une partie de la cave. On fait précéder la citerne d'un citerneau dans lequel les eaux pluviales se débarrassent des impuretés les plus grossières. L'eau de citerne filtrée constitue une boisson excellente. Très souvent aussi, on recueille l'eau de pluie ; dans plusieurs cités ouvrières belges nous avons remarqué des citernes dont l'eau est uniquement employée pour le blanchissage du linge.

Dans un grand nombre de communes on est réduit à se servir d'eau de mare. Cette eau est en général malsaine, parce qu'elle est nécessairement exposée à recevoir une foule d'impuretés. Au lieu d'une mare on peut se servir d'une source artificielle. A cet effet, on choisit au fond d'une vallée une surface de terrain d'une centaine de mètres carrés ; on la dispose en plan incliné et on la rend imperméable ; puis, on l'entoure sur trois côtés d'un mur. Le mur qui suit la ligne la plus basse a une surface rectangulaire, les deux autres, qui forment avec lui des angles droits, ont une coupe triangulaire. La surface de trois murs étant horizontale, on obtient un emplacement que l'on remplit avec des matériaux poreux, on les recouvre de terre et on plante des végétaux qui aiment l'eau. La fontaine est faite ; il n'y a plus qu'à y diriger l'eau qui tombe sur les deux versants formant la vallée et la faire couler, après qu'elle a été filtrée sur la couche de matériaux poreux, par l'endroit le plus convenable à l'aide d'un tuyau muni d'un robinet.

Il est utile de faire remarquer que l'eau pure, notamment l'eau de pluie, attaque très rapidement le plomb ; il faut donc éviter de se servir de tuyau en plomb pour canaliser l'eau pluviale qu'on destine à la boisson.

Égouts. — En France, le service des égouts est fait d'une façon satisfaisante dans la plus grande partie des villes ; dans les petites communes il laisse à désirer. Chaque fois qu'un constructeur d'habitations ouvrières établira un grand nombre de maisons, il devra chercher à utiliser les eaux ménagères qui seront produites. Lorsque les eaux d'égout contiennent des vidanges, leur valeur est sufffisante pour déterminer l'emploi d'une canalisation spéciale. C'est ainsi que M. Pullmann utilise les eaux ménagères et les vidanges de la ville qu'il a créée, en les répandant sur les terres d'une ferme située à quelque distance de l'enceinte de la cité. Les eaux d'égout sont envoyées par une canalisation spéciale dans des réservoirs convenablement placés d'où on les extrait au moyen de pompes pour les utiliser selon les besoins. La ferme a une superficie de trente-cinq hectares, suffisante pour les besoins de quinze mille habitants.

M. Masson, l'ingénieur sanitaire qui remplace si dignement le regretté Durand-Claye, a utilisé avec succès les vidanges et les eaux ménagères produites à la maison de répression de Nanterre, habitée par trois mille personnes, en les faisant servir à la culture d'un jardin de trois hectares.

A Paris, la construction d'un égout dans une rue classée revient à quatre-vingts francs le mètre linéaire. Ce prix est trop élevé pour permettre d'établir des égouts de ce genre dans des rues bordées par des habitations ouvrières. En Angleterre, on a fait des expériences pour remplacer les égouts par des tuyaux en poterie, d'une section circulaire.

On a placé, dans un égout qui desservait douze cents maisons, un tuyau de 0ᵐ32 de diamètre et on a remarqué que l'écoulement se faisait très bien. On alla plus loin, et on essaya un tuyau de 0ᵐ12 de diamètre.

Le résultat fut excellent, grâce à l'emploi de fortes chasses d'eau.

Dans la Cité Boileau, qui appartient à la Société des *Habitations ouvrières de Passy-Auteuil*, on a installé le tout à l'égout. La canalisation est en poterie vernissée. Les conduites de 0ᵐ30 de diamètre sont disposées dans deux passages, et elles déversent leur contenu dans une troisième conduite qui amène le tout à un égout d'une rue classée, c'est-à-dire établi suivant les dimensions réglementaires.

Depuis quelques années, un cetrain nombre d'ingénieurs se

sont voués spécialement à l'assainissement des constructions privées.

Matériaux de Construction. — Les matériaux de construction employés pour les habitations ouvrières varient suivant les pays. En Angleterre, où l'on bâtit des maisons par centaines, on commence par faire les fouilles, puis, avec les déblais formés en général par de l'argile, on fait des briques dans des fours de campagne. On obtient ainsi, sur place, des matériaux d'excellente qualité.

Les briques dures sont employées pour les fondations, les briques peu cuites pour les murs intérieurs, à l'abri des égouts extérieurs.

Lorsqu'on trouve du moëllon dans les fouilles on l'emploie également. Il faut éviter de faire usage à l'extérieur de moëllon vert, c'est-à-dire de celui qui n'a pas perdu son eau de carrière.

Lorsque le terrain est sablonneux on peut faire des briques composées d'un mélange de sable et de ciment, mais il vaut mieux établir les maisons en béton. On se sert à cet effet de moules en bois analogues à ceux qu'on emploie pour faire les murs en pisé.

A Lyon, on fait les murs avec un béton composé de machefer et de chaux. On établit ainsi des maisons de cinq étages moyennant un prix de deux cent cinquante francs le mètre superficiel, qui serait bien plus élevé si l'on employait des matériaux ordinaires.

Il convient de faire remarquer que du jour où le machefer sera utilisé couramment, son prix sera élevé en proportion, et il sera plus avantageux d'employer du béton formé avec du sable et des cailloux, qui, à prix égal, permettra d'obtenir une construction plus solide.

Dans les campagnes on fait souvent des maisons en pisé.

Les matériaux spéciaux pour constructions économiques sont très nombreux. M. Ferrand fait des carcasses en fer, et il remplit les vides avec des briques. Il arriva ainsi à faire à l'exposition de 1867 une maison de trois mille francs, qui lui valut une médaille d'argent. La maison de ce système, dont nous donnons le plan, a été élevée à Choisy-le-Roi ; elle a coûté deux mille francs.

Il est plus économique de faire la carcasse en bois, et de remplir les vides avec des briques.

M. Petitjean, charpentier, se sert à cet effet de panneaux obtenus en enduisant avec du mortier de chaux les deux côtés d'un treillage en fil de fer.

M. Lascelles, de Londres, a obtenu une médaille d'or en 1878, pour une maison dont la carcasse était en bois de charpente et dont tous les vides étaient remplis avec des plaques en ciment que l'on vissait sur les pièces de bois. Le plancher, la toiture, les plafonds et les parquets étaient faits d'après le même système.

Depuis quelques années on fait beaucoup de constructions en tôle ondulée pour remplacer les maisons en bois qui nous arrivent toutes faites de Suède et de Norwège.

Les constructions de ce genre sont assez avantageuses quand elles ne doivent pas rester longtemps au même endroit. M. Poitrinneau a obtenu en 1889 une médaille d'or pour un specimen de maison démontable qu'il a exposé à l'Esplanade des Invalides.

Les constructions établies avec des matériaux spéciaux coûtent plus cher que celles qui le sont suivant les méthodes ordinaires.

Fondations. — En règle générale, pour asseoir les fondations d'une maison, il faut chercher le bon sol, et quand il est à une grande profondeur on fait des puits que l'on remplit de béton, puis on construit des voûtes dont l'extrados est à la hauteur du niveau du sol des caves et sur lesquelles on élève les murs.

Quelquefois, quand les constructions sont légères et que le sol est remblayé depuis longtemps, on creuse les rigoles de fondation et on noie dans une couche de béton un cadre en fer ou en bois de la dimension des contours extérieurs du bâtiment. Lorsque le béton est bien pris on construit les murs.

Dès qu'on arrive à la hauteur du sol, il faut prendre des précautions pour empêcher l'humidité de monter. A cet effet, on arrose le mur un peu au-dessus du niveau du sol et on y place une couche de matière isolente, telle que bitume, carton bitumé, feuille de plomb, verre pilé, etc. On peut aussi hourder deux ou trois assises avec du ciment.

Murs extérieurs. — Les murs extérieurs doivent toujours être en bons matériaux, bien durs et non gélifs.

A Paris, on recouvre les murs en moëllon d'un enduit en plâtre.

Avec le plâtre, on fait à peu de frais les ornements les plus variés; malheureusement, employé à l'extérieur il dure fort peu. Le crépi moucheté en plâtre résiste assez longtemps, mais il est préférable d'employer un enduit de mortier de chaux.

Les façades en briques peuvent présenter un aspect agréable, lorsqu'on sait bien les jointoyer.

Dans les pays du Nord, les maçons du pays obtiennent de très beaux effets avec des briques ordinaires de différentes couleurs.

On fait aujourd'hui beaucoup d'ornements en terre cuite; par suite, les architectes peuvent décorer très économiquement les constructions destinées aux ouvriers.

Planchers. — Dans les pays où la brique est à bon marché, on s'en sert quelquefois pour faire les planchers. Dans l'atlas des *Habitations ouvrières en tous Pays*, nous avons donné le plan des maisons de Bubna, dont les planchers du rez-de-chaussée sont des voûtes en briques.

En général, on emploie pour les planchers du rez-de-chaussée des solives en fer dont on remplit les vides soit avec des briques, soit avec un hourdis de plâtres. Lorsque les voûtes en briques sont bien construites, il suffit d'enduire la partie inférieure d'une couche de peinture à la chaux pour avoir un plafond.

Lorsque les vides sont remplis avec un hourdis, il est nécessaire de revêtir la surface inférieure d'un enduit, soit de plâtre, soit de mortier de chaux.

Le plancher s'achève en scellant au plâtre des lambourdes de façon à ce qu'elles soient bien de niveau, et on cloue les lames de parquet. On peut également étendre sur le hourdis ou sur les voûtes en briques une couche de plâtre fin et la recouvrir avec du bitume, ou avec du carrelage.

Beaucoup de constructeurs emploient uniquement du carrelage pour permettre à la ménagère de laver fréquemment le plancher.

Le carrelage est très économique, mais les réparations sont coûteuses.

Il est préférable, d'après nous, d'employer du parquet dans les chambres à coucher et dans la chambre commune. Les bons architectes emploient des lames de parquet en chêne, nous croyons qu'on peut adopter le sapin sans inconvénients sérieux.

Les planchers des étages supérieurs sont faits en général en bois. On emploie des bastings. Le plancher le plus économique se fait en clouant les lames du parquet sur les solives dont la surface supérieure est de niveau. On cloue un lattis sur la surface inférieure des solives et on plafonne. Les plafonds de ce genre ont l'inconvénient d'êtres sonores et de se lézarder facilement, de plus, quand ils ont duré un certain temps, ils tombent par plaques d'une surface assez importante.

Quelquefois on laisse apparent le dessous des solives ; dans ce cas, on orne ces dernières de quelques moulures, et on place entre les solives, soit un lattis avec enduit, soit des plaques en terre cuite.

Le dernier plancher, sous le toit, est fait très légèrement. Quelquefois on se contente de clouer sur les chevrons des voliges dressées d'un côté. On peut aussi clouer un lattis sur les chevrons et l'enduire avec du plâtre.

Toitures. — Les toitures pour habitations ouvrières sont très variées. On en fait en tuiles, en zinc, en tôle, en bardeaux, en ciment, en carton bitumé, etc.

Les toitures en tuiles doivent avoir une forte pente, à moins qu'elles ne soient à emboîtement.

Dans ce cas, on peut les établir avec une pente de vingt degrés.

Les toitures métalliques sont généralement en zinc. En Russie, on emploie à cet effet des tôles de l'Oural. On n'emploie pas la tôle dans notre pays, car l'on n'arrive pas à l'obtenir aussi malléable, ni à un prix aussi avantageux qu'en Russie.

La couverture en bardeau est excellente, mais elle ne présente pas de garanties contre l'incendie ; de plus, lorsque l'eau des toits est recueillie dans des citernes, elle lui communique un mauvais goût.

Escaliers. — Les escaliers doivent être bien étudiés au point de vue de l'éclairage, de la commodité et des dangers d'incendie. Il ne faut pas qu'un escalier soit obscur, surtout dans une maison où il y a beaucoup de locataires et où il doit être considéré comme une continuation de le rue. Il doit être commode, et on ne saurait trop attacher d'importance à cette condition qui doit prévenir les chutes fréquentes et les accidents ; la cage doit être vaste car, dans ces maisons, on est souvent exposé à opérer des déménagements, il faut donc que les meubles puissent facilement passer sans entailler les parois. La peinture d'une cage d'escalier est une dépense onéreuse ; il est donc nécessaire de veiller à sa conservation, car, dès que cette peinture est un peu endommagée, les locataires n'y font plus attention.

Dans les maisons à étages, la cage d'escalier doit contenir une conduite pour les ordures, des canalisations d'eau et de gaz. Lorsque l'eau n'est pas distribuée dans les cuisines, on place un poste d'eau sur chaque palier, et, sous chaque robinet, un tuyau de décharge.

Les marches d'un escalier desservant une maison à étages doivent être en matériaux incombustibles. On peut faire le limon et les contremarches en fer, les marches en pierre.

M. Godin, à Guise, a fait ses escaliers avec un béton composé de mortier et de machefer qu'il moulait autour d'une carcasse en fer destinée à leur conserver la forme donnée et une solidité suffisante.

En Amérique, on a placé dans des cages d'escalier des monte-charges destinés à hisser les gros paquets des locataires ainsi que leurs provisions.

Les escaliers des maisons destinées à une seule famille sont généralement en sapin. On en fait de très économiques dans le commerce. En Angleterre, on obtient deux marches d'une pièce de bois ayant la forme d'un prisme rectangulaire en la sciant en travers, de façon à avoir deux volumes semblables entre eux

En Hollande, les escaliers sont très raides ; on en voit qui vont du rez-de-chaussée au deuxième étage pour permettre de diviser une maison à étages en trois logements distincts et donner ainsi une entrée particulière à chaque ménage.

Menuiserie, Quincaillerie. — Nous avons fort peu à dire des matériaux de menuiserie et de quincaillerie. Les portes, les fenêtres et les ferrures sont excutées aujourd'hui à très bon marché dans le commerce. Les pays du Nord, la Suède et la Norvège font un grand commerce d'exportation de portes, de fenêtres et de persiennes. En France, quelques maisons commencent à faire concurrence aux étrangers, en fabriquant à bas prix des objets de menuiserie.

La quincaillerie, serrures, paumelles, gonds, etc., se font dans les Ardennes. En Autriche, on fait aujourd'hui des serrures à très bon compte par suite du bon marché de la main-d'œuvre. On peut obtenir des serrures de malles vendues par des ouvriers qui travaillent à leur compte, à raison de 2 fr. 40 la douzaine.

Appareils de Chauffage et de Ventilation — Le chauffage des petits logements est un problème très intéressant à étudier, car les appareils destinés à chauffer les logements et à cuire les aliments doivent être à la fois économiques et hygiéniques.

L'appareil le plus économique est le poêle ; malheureusement, il est très insalubre et nécessite l'emploi de dispositions particulières pour ventiler les pièces où il est installé.

Dans les pays du Nord, où la famille passe une grande partie de sa vie dans un logement, on emploie des poêles en terre cuite, et on dispose à côté du conduit de fumée un tuyau de ventilation dont la section est quatre fois plus considérable que celle par laquelle s'échappent les conduits de la combustion.

Nous avons donné dans l'ouvrage les *Habitations ouvrières en tous Pays*, le plan des maisons de Christianiah, où l'on trouve ces installations.

Dans le Nord et en Allemagne, on emploie beaucoup les poêles en terre cuite pour chauffer les logements et cuire les aliments en même temps. On obtient facilement ce double résultat en faisant passer les produits de la combustion dans une série de chicanes. En été, on ferme à l'aide d'un registre la communication du tuyau de fumée avec les chicanes, et par suite, les produits de la combustion s'écoulent directement dans l'air.

A Paris, on se sert de cheminée, — les ouvriers tiennent à avoir à leur disposition un chambranle pour placer une pendule et divers menus objets. En hiver, on place un poêle en fonte devant la cheminée et on envoie la fumée dans le tuyau de fumée. En été, on démonte le poêle et on fait la cuisine sur un réchaud à charbon de bois.

Des architectes ont cherché à remédier à cet inconvénient; ils ont demandé aux fumistes des appareils de chauffage pouvant être placés dans une cheminée et susceptibles de servir à la cuisson des aliments.

Divers systèmes ont été inventés pour résoudre ce problème. Citons parmi les industriels qui l'ont le mieux réussi, M. Delaroche aîné.

La ventilation des petits logements est excessivement importante. Il suffit de pénétrer dans un de ces logements mal ventilés pour percevoir une odeur caractéristique très désagréable. Un chimiste anglais a eu la patience d'isoler une certaine quantité de la matière provenant de cette odeur et il a constaté qu'elle sentait horriblement mauvais. Les effets de l'air vicié par la respiration humaine sont très préjudiciables à la santé, ainsi que de nombreux exemples l'ont démontré. En Angleterre, on tient beaucoup à la ventilation, et au-dessus de presque toutes les portes, des chambres habitées par des ouvriers, on voit des ouvertures formées à l'aide de briques creuses. On dispose également des conduites pour évacuer au dehors l'air vicié et on les surmonte de ventilateurs de divers systèmes.

La fabrication des ventilateurs constitue en Angleterre une branche très importante de l'industrie du fumiste.

En France, M. Trélat a imaginé de perforer les vitres d'une certaine quantité de trous coniques, dont la grande base est située à l'intérieur de la pièce : l'air frais arrive du dehors avec une vitesse insensible.

La pose des tuyaux de ventilation est indispensable dans les maisons construites suivant le système back-to-back, c'est-à-dire dans des pièces qui n'ont qu'une façade exposée à l'air. M. E. Muller, architecte des Cités ouvrières de Mulhouse, a construit quelques maisons de ce genre, mais il a eu soin de placer, à côté du tuyau de fumée servant au fourneau de cuisine, des conduites en poterie qui partaient de la cave et qui débouchaient sur le toit. Des bouches d'appel d'air mettaient l'atmosphère des pièces en communication avec le tuyau d'air vicié. L'action de ces appareils fut démontrée par l'augmentation d'appétit des habitants. Ce fut pour diminuer la faim qui le dévorait constamment qu'un habitant des Cités mulhousiennes, boucha le tuyau de ventilation qui amenait de l'air pur dans son logement. D'autres conduites furent bouchées parce que les habitants se plaignaient du froid et qu'ils préféraient une atmosphère viciée mais chaude, à de l'air pur un peu froid.

Il est donc préférable, lorsqu'on construit, de disposer ses pièces de façon à pouvoir les ventiler naturellement sans le secours d'aucun appareil.

Canalisation des Eaux ménagères et pluviales. — L'enlèvement des eaux ménagères est encore un problème très important à résoudre pour la construction de maisons d'ouvriers. Lorsque la maison est en façade sur une rue munie d'un égout, le problème est facile : il suffit de faire communiquer l'évier avec l'égout par une canalisation en terre cuite ou en fonte. La traversée de la maison demande un soin particulier, il ne faut pas qu'il y ait dans la conduite des fissures, par où les gaz méphytiques et l'air contaminé puissent s'échapper. Les tuyaux conduisant les eaux ménagères s'engorgent facilement : c'est pourquoi il vaut mieux les établir à l'air libre, lorsqu'on ne peut les établir avec toutes les précautions nécessaires.

On peut disposer dans la conduite d'eau ménagère qui traverse une maison, une chaîne munie d'un boulet, le jour où le besoin du nettoyage se fait sentir, on promène le boulet dans la conduite et on la dégorge.

Le meilleur moyen d'éviter les obstructions consiste dans l'emploi de chasses d'eau très énergiques, qui sont produites périodiquement par des appareils automatiques.

En Angleterre, où l'on construit de grandes rangées de *cottages* en bordure sur des rues que l'on établit à son gré, on évite le passage des conduites d'eau ménagères à travers les maisons en disposant l'égout dans les jardins. On obtient ainsi une grande diminution dans le prix d'établissement de la canalisation des eaux ménagères ; par contre, on crée des servitudes pour les propriétés desservies.

Quand une maison est isolée, il est plus difficile de se débarrasser des eaux ménagères : M. Menier les reçoit dans une fosse à ordures. La graisse se dépose sur les détritus, et l'eau est dirigée dans les jardins.

Souvent on a recours aux puisards. Le puisard n'offre pas un grand inconvénient quand il est étanche et quand on le vide régulièrement. Les puisards absorbants doivent être condamnés lorsqu'on se sert de l'eau des puits situés dans le voisinage.

Lorsqu'on établit une canalisation d'eaux ménagères, il faut toujours avoir soin d'employer un coupe-air, c'est-à-dire une disposition qui empêche les odeurs de l'égout ou du puisard de remonter à la maison : les appareils à siphon sont les meilleurs.

Vidange. — Le service de la vidange se fait suivant divers systèmes :

1° Le système du tout à l'égout ;

2° Le système des fosses mobiles avec appareils diviseurs ;

3° Le système des fosses fixes ;

Le système du tout à l'égout est celui que l'on considère comme le plus perfectionné.

Lorsque la conduite des eaux ménagères communique avec l'égout, il suffit d'y brancher le tuyau de chute des *privés* pour se débarrasser des vidanges. Doulton, en Angleterre, a eu pendant longtemps le monopole de l'établissement de privés par le système du tout à l'égout. Depuis quelque temps les constructeurs français, Geneste et Herrscher, Jacob frères, Flicoteaux, Poupard, etc., établissent le système du tout à l'égout dans d'aussi bonnes conditions que n'importe quelle maison anglaise.

Le siège se compose d'une cuvette en terre cuite plus ou

3

moins ornée que l'on adapte sur un coude communiquant avec le tuyau de chute. Le coude est muni d'un siphon. Un petit réservoir est placé au-dessus du privé et permet d'envoyer après chaque opération une dizaine de litres d'eau pour laver le siège et entraîner les vidanges.

Un appareil composé de la cuvette, du réservoir de chasse revient à 150 fr. environ tout posé. La canalisation jusqu'à l'égout coûte le même prix. Le service de l'enlèvement des vidanges et des eaux ménagères revient environ à 400 francs par maison.

Le système des fosses mobiles est employé très souvent dans les villes du Nord et dans les campagnes. Dans les villes on se sert de tinettes étanches en métal ou en bois goudronné, que l'on vide très fréquemment. L'inconvénient principal provient de ce que le contenu des tinettes déborde quelquefois par suite d'irrégularités dans le service.

On remédie à ces fréquences du remplacement des tinettes en employant des appareils diviseurs, qui ont pour objet de retenir les solides dans la tinette et d'envoyer le liquide à l'égout. Divers systèmes ont été employés.

L'appareil Tacon se compose d'un anneau que l'on place sur le tuyau de chute sectionné d'une façon convenable ; le liquide suit les parois du tuyau, tombe dans l'anneau qui à son point le plus bas est percé d'un trou où s'adapte un caniveau par lequel le liquide s'écoule au loin.

A Paris, on se contente de séparer une tinette, en tôle galvanisée, en deux parties par une cloison percée de trous. On fait arriver les vidanges dans la partie la plus grande. L'inconvénient de ce système est que le liquide que l'on évacue est chargé de matières organiques et qu'il ne reste dans la tinette que du papier.

Le système diviseur a les inconvénients du tout à l'égout et n'en a pas les avantages pécuniaires.

La tinette mobile sert encore pour recevoir les vidanges désinfectées par les cendres ou la terre sèche.

Nous avons toujours trouvé très singulière l'idée de noyer les vidanges dans une immense quantité d'eau dont il faut se débarrasser ensuite, et nous ne comprenons pas pourquoi on n'ait pas cherché à perfectionner les privés à terre sèche et à cendres qui sont très employés en Angleterre et en Amérique. Leur construction repose en principe sur la désinfection des vidanges par les pulvérulents dont la propriété a été reconnue dans une discussion qui eut lieu à la Société des Ingénieurs Civils de Londres. Il est vrai que l'on fit des réserves au sujet des émanations nocives inodores que ces désinfectants peuvent répandre.

En Amérique, où l'on a l'habitude de brûler les ordures ménagères, on emploie les cendres pour désinfecter les vidanges. On les place dans un cylindre divisé en quatre parties, situé au-dessus du siège du privé. Après chaque opération on fait tourner ce cylindre d'un quart de tour ce qui a pour effet de verser sur les vidanges la quantité de cendres nécessaire pour les désinfecter.

En Angleterre, on emploie beaucoup la terre sèche. La terre en poudre est placée dans un réservoir analogue à celui des appareils à effet d'eau ; en agissant à l'aide d'un levier, dont la poignée est à proximité, la personne assise envoie sur la vidange la proportion de désinfectant suffisante pour chaque selle.

Lorsqu'on dispose de peu de terre on calcine le mélange dans des fours *ad hoc* et on peut se servir de la terre pendant longtemps.

Les types d'appareils à terre sèche sont très variés. M. Moule en fabrique de tous les systèmes, à la portée de toutes les bourses. Le mélange désinfecté est reçu, soit dans des tinettes, soit dans des fosses fixes, faciles à vider.

En France, M. Goux a tiré parti des propriétés désinfectantes des parties vertes des plantes pour établir un système de vidange qui porte son nom. Il place un moule, tronc-conique, dans une tinette de façon à conserver un vide annulaire, puis il tasse, dans le vide formé, des débris de végétaux jusqu'à ce qu'il puisse retirer le moule. Il obtient ainsi une tinette dont les parois sont garnies d'une substance susceptible d'absorber les liquides et d'enlever les odeurs. On n'a plus qu'à la placer sous le tuyau de chute des privés.

Le système Goux n'est pas très répandu. Néanmoins tout le

corps d'armée de l'Est de la France s'en sert utilement. M. Menier en a fait une application heureuse à Noisiel, en utilisant les débris de cacao pour garnir les tinettes qui desservent les privés de ses habitations ouvrières. Les ouvriers font eux-mêmes le travail du garnissage et ils emploient le contenu des tinettes à la culture de leurs jardins. M. Menier emploie l'excédant pour fumer ses terres.

La fosse fixe est condamnée par l'hygiène, néanmoins on l'emploie encore beaucoup. Les avantages de la fosse sont de conserver les vidanges pour les besoins de l'agriculture et de constituer le système de vidange le plus économique dans la plupart des cas.

Les inconvénients sont d'abord de placer un foyer d'émanations délétères dans l'intérieur d'une maison, puis de coûter cher de frais de premier établissement, enfin, de ne pas obliger les locataires à jeter de l'eau dans les privés.

Pour diminuer les dépenses relatives à l'enlèvement des vidanges, des propriétaires emploient des fosses non étanchées. Sur les bords de la mer on fait des puits qui descendent jusque dans la craie, qu'on atteint ordinairement à trois ou quatre mètres de profondeur. Ce résultat obtenu, on y envoie les vidanges et on n'a plus à s'en inquiéter. Il est bien évident que ce mode de procéder peut contaminer les terrains et produire des fièvres, mais jusqu'à présent, on n'en a pas encore observé dans les communes où l'on applique cette méthode. Les fosses non étanches sont très dangereuses lorsqu'elles sont établies à proximité de puits dont l'eau sert à la boisson ; aussi elles ne sont pas tolérées dans les communes bien administrées.

Quelquefois on ne reçoit dans ces fosses fixes que le solide, le liquide est évacué au moyen d'un système diviseur quelconque. Ce système est abondonné dans la plupart des cas, par suite de la difficulté de l'enlèvement des résidus.

La fosse fixe étanche doit satisfaire à de nombreuses conditions énumérées dans les règlements qui varient avec les pouvoirs publics qui les édictent.

A Paris, une fosse fixe doit avoir deux mètres de côté au moins ; sa profondeur sous voûte, deux mètres. Il faut que ses parois soient garnies d'un bon enduit de ciment ; elle doit être munie d'un trou d'homme, d'un ventilateur, etc., etc. L'opération de la vidange est également soumise à des règlements minutieux.

Beaucoup d'autres systèmes de vidanges ont été inventés ; un des plus connus est le système Mouras, qui consiste à recevoir les vidanges dans un réservoir métallique, qui communique avec l'égout. Le réservoir une fois plein, la matière solide se dilue dans le liquide ; par suite, plus on jette d'eau dans la fosse, plus on active la dissolution. Le système Mouras a les inconvénients du système diviseur; de plus, il constitue un foyer d'infection dans la maison, il est plus simple d'employer le tout à l'égout lorsqu'on peut en utiliser les eaux.

Comparaison de systèmes de vidange au point de vue économique. — Ainsi que nous l'avons dit, le système de la fosse fixe est le plus économique dans le plus grand nombre de cas, c'est-à-dire pour les petites maisons,

En effet, on peut établir à Paris une fosse suivant les règlements, moyennant cinq cents francs (en béton) et la faire servir pour deux ménages. L'intérêt et l'amortissement du prix d'établissement de la fosse peut être évalué à............. 30 fr.

La vidange relative à huit personnes en admettant que chacune produise trois cents litres de résidus, soit 24 mètres cubes, à raison de cinq francs l'extraction du mètre cube.................................... 12

Enlèvement de la pierre, pourboire aux vidangeurs. 4

Total.......... 46 fr.

Soit vingt-trois francs par ménage.

Dans une grande maison, le mètre cube de fosse, quand elle est un peu grande, revient à soixante francs, par suite l'enlèvement de la vidange relative à une famille ne revient qu'à une dizaine de francs environ.

Le système de vidange, par tinette mobile, coûte très cher à Paris parce que la Compagnie qui se charge de cette entreprise les loue à raison de quinze à vingt francs par an, suivant les quartiers ; le coût du remplacement d'une tinette varie de un franc vingt-cinq à deux francs.

Le système du tout à l'égout est avantageux dans une grande maison quand une vingtaine de ménages utilisent un même tuyau de chute. Dans ce cas, la redevance à payer à la ville, pour avoir le droit d'écouler les vidanges à l'égout et de 30/20 soit un franc cinquante par ménage................... 1 50

L'intérêt du prix d'établissement, de la canalisation, celui de son entretien et de l'amortissement peut être évalué à.. 10 »

Le supplément de consommation d'eau à raison de *dix litres* par opération, soit *soixante litres*......... 12 »

Les frais divers à 1 50

Par suite le service de la vidange revient à........ 25 »

Lorsque la maison n'est habitée que par une famille, le prix de la vidange devient très élevé dans le système du tout à l'égout :

Le droit à l'écoulement à l'égout est de........... 30 fr.

L'intérêt du prix de la canalisation.............. . 25

Eau, réparation................................ 15

Total.......... 70 fr.

On peut arriver à diminuer ce prix en groupant les maisons et en évacuant les vidanges dans un tuyau de chute horizontal. Dans ce cas, on peut tenter d'obtenir de la municipalité de n'avoir à payer qu'un droit de trente francs par conduite horizontale, en s'appuyant sur la concession qui a été faite par la ville de Paris à la Société des *Habitations ouvrières* de Passy-Auteuil. J'ai demandé à la ville de Paris de me permettre, moyennant un droit de trente francs, d'écouler les vidanges d'une vingtaine de maison qui bordent un passage ; l'administration n'a pas jugé à propos de faire droit à ma demande.

En résumé, lorsqu'on construit une cité ouvrière, il est nécessaire d'étudier soigneusement la question des vidanges avant de prendre un parti relatif au système que l'on adoptera.

Clôtures. — Les clôtures d'une habitation ouvrière pour une famille se composent en général d'un treillage.

Il est rare de voir de petites maisons isolées au milieu d'un terrain ; le plus généralement on les groupe de façon à se servir des murs des habitations et de leurs dépendances pour clore le plus possible la propriété.

Les maisons anglaises sont le plus souvent séparées de la rue par un petit jardinet, clos au moyen d'une grille légère. Il est très important, lorsqu'on vend des maisons de ce genre, de décrire la nature des clôtures visibles de la rue et d'interdire de les modifier, car rien n'est plus disgracieux que des clôtures différentes en bordure d'une rue, et rien ne crée plus de sujet de conflits que celles qui sont mitoyennes.

Les clôtures des cours sont souvent des murs. Lorsque les cours sont étroites, les murs ont l'inconvénient de créer des foyers d'air impur.

Les haies demandent beaucoup de soins, elles amènent fréquemment des querelles entre voisins.

Les clôtures en treillages durent peu de temps à moins qu'on n'emploie des lattes susceptibles d'être peintes, ce qui augmente beaucoup leur prix de revient.

CHAPITRE III

Avantages et inconvénients des Maisons à étages et des Habitations pour une famille

Un logement d'ouvrier peut être placé dans une maison à étages ou constituer une maison pour une famille.

On a longtemps discuté la question de savoir s'il fallait loger l'ouvrier dans une maison à étages ou dans une habitation pour une famille. Chaque système a ses partisans, il ne faut pas s'en étonner, car dans les classes ouvrières on trouve, comme dans celles plus fortunées, des amateurs de maisons à étages.

M. Godin n'a jamais voulu admettre le système des petites maisons pour loger son personnel ; il a préféré construire un superbe bâtiment à plusieurs étages dans lequel il s'est réservé un appartement pour démontrer qu'il était possible à un patron de vivre au milieu de ses ouvriers.

L'habitant du familistère peut se procurer tous les objets nécessaires à la vie dans les magasins d'approvisionnement disposés au rez-de-chaussée. Les enfants se réunissent dans la cour du familistère pour se rendre en classe sous la conduite de leurs professeurs ; ils en reviennent de même. On trouve dans l'établissement toute une série d'institutions créées pour faire participer ses habitants aux avantages que donne la richesse ; enfin, un médecin attaché à l'établissement est toujours prêt à donner ses soins aux malades qui font appel à son ministère.

M Pullmann, créateur de la ville qui porte son nom, n'a pas adopté le système des maisons à étages, et toutes les maisons construites pour ses ouvriers sont disposées pour une famille.

Dans bien des villes on commence maintenant à faire des maisons spéciales pour ouvriers.

Pendant longtemps les étages inférieurs étaient occupés par la classe aisée et les étages supérieurs étaient divisés en petits logements. Dans les maisons modernes, il n'en est plus ainsi : les combles sont transformés en mansardes où les domestiques sont logés.

Bien des personnes regrettent les maisons mixtes. L'ouvrier se trouvant en contact avec des personnes dans une situation plus aisée, surveillait sa tenue et s'efforçait de conserver l'estime de ceux qu'il considérait comme ses supérieurs. Lorsque la maladie frappait un des membres de la famille du travailleur méritant, les personnes aisées n'hésitaient pas à lui porter des consolations et au besoin des secours.

Aujourd'hui, les combles sont desservis par l'escalier de service. L'ouvrier en général se considère comme le supérieur du domestique, et il ne veut pas se croiser avec lui. Néanmoins, les bons ouvriers recherchent les petits logements des maisons bien habitées. Les logements des maisons Pea Body, à Londres, sont très estimées par les ouvriers, qui se font un honneur d'en être les locataires, attendu que les personnes qui se conduisent mal sont congédiées. Il en est de même à Paris des locataires occupant les maisons à l'Association philanthropique.

Nous ne croyons pas qu'il soit possible de rétablir les maisons mixtes à Paris : la division est trop profonde entre les bourgeois et l'ouvrier pour espérer pouvoir y remédier. Après avoir vécu longtemps parmi les ouvriers, j'ai acquis la conviction que plus on les rendra témoins des prétendus plaisirs des riches, plus on augmentera la distance qui sépare les diverses classes de la Société française. Pour nous, il faut résolument créer des maisons spéciales pour loger les travailleurs, et les établir dans les villes, soit à étages, soit pour une famille.

Depuis longtemps, les architectes ont résolu le problème qui consiste à loger sainement l'ouvrier en supprimant dans les constructions neuves les causes d'insalubrité qui existent dans les maisons à étages. Les principales causes d'insalubrité sont les escaliers communs et privés.

En Angleterre, nous l'avons dit, on a considéré les escaliers comme des prolongements de la rue, et dans plusieurs types de maisons on les a même trop ventilés. Quant aux privés on les a placés dans l'intérieur des logements et l'expérience a prouvé qu'ils étaient tenus très proprement.

En France, dès 1852 l'architecte Godebœuf faisait pour le compte du Gouvernement des maisons divisées par étage en deux petits logements de trois pièces et cuisine, en façade sur le boulevard, et en un autre de deux pièces avec cuisine donnant sur la cour. Ces logements étaient très convenables ; malheureusement, ils ont été habités par des personnes d'une condition relativement aisée. Ainsi, un millionnaire n'a pas craint de louer trois logements situés sur le même étage et il les a transformés en un appartement dont la valeur locative était de 2,000 francs. L'Etat voyant que ses sacrifices ne profitaient pas aux ouvriers, loua ses maisons en principale location moyennant un prix de 107,000 fr., et il retire ainsi de ses immeubles un revenu triple de celui qu'il en obtenait auparavant.

Par suite de l'habitude qu'ont les ouvriers parisiens d'occuper des logements de deux pièces, les maisons à étages ont été longtemps en défaveur. Il est impossible, en effet, qu'une famille composée de plus de quatre personnes puisse habiter dans des conditions convenables un logement de deux pièces.

D'après une enquête que nous avons faite, et portant sur près de mille logements d'ouvriers, on en trouve à peine 3 0/0 composés de trois pièces et cuisine. Or, la proportion des ménages de travailleurs composés de plus de quatre personnes étant bien plus considérable à Paris que celle des logements de trois pièces, il en résulte que les effets de l'encombrement s'y font sentir très vivement. Pour s'en rendre compte, il suffit de consulter la statistique des décès et celle des maladies. La mortalité par 1,000 varie, dans les quartiers ouvriers, de 30 à 40 °/₀₀.

D'un autre côté, la population véritablement parisiennne diminue ; on estime qu'au bout de trois générations, une famille s'éteint lorsque des provinciaux ne lui donnent pas du sang nouveau. C'est grâce à l'exiguité des petits logements que la triste habitude de l'envoi des enfants en nourrice a pris naissance. On sait que, malgré tous les efforts du service des enfants assistés, un grand nombre de petits Parisiens n'arrivent pas à l'âge adulte.

Malgré les inconvénients des petits logements situés dans Paris, leurs avantages sont trop considérables pour que tous les ouvriers consentent à émigrer hors des fortifications.

En effet, dans les quartiers du centre, la vie coûte bon marché ; les enfants sont près des écoles, le père est près de son travail, il n'a pas besoin de déjeûner chez le marchand de vin ; la mère trouve à s'occuper soit en faisant des ménages, soit autrement. Par suite, il est impossible que la spéculation ne tente pas de satisfaire les nombreux amateurs de logements dans l'intérieur des villes.

Le logement hors de ville a également ses avantages et ses nconvénients.

Hors de ville, le terrain coûte moins cher qu'à Paris, l'octroi n'existe pas, l'ouvrier peut avoir une maison et un jardin, il peut élever des animaux domestiques ; il trouve à la campagne un air salubre qui lui donne les forces pour accomplir son travail quotidien, il fait une promenade hygiénique pour se rendre à son travail et pour rentrer chez lui.

Les inconvénients du logement hors de ville sont tout aussi nombreux que les avantages. La vie y coûte cher ; il est difficile d'envoyer les enfants à l'école sans les accompagner et, par suite, sans perdre du temps ; les membres de la famille n'ont pas le spectacle de la rue. La femme trouve plus difficilement du travail pour s'occuper ; enfin, la viabilité des rues laisse à désirer le plus souvent, et les causes d'insalubrité engendrées par l'évacuation des eaux ménagères et le service des vidanges détruisent les bons effets de l'air de la campagne.

Néanmoins, lorsqu'on construit un certain nombre de maisons, on peut remédier en grande partie aux inconvénients que nous avons signalés, et souvent on a intérêt à construire hors de ville.

Construction d'une maison à étages. — Nous donnons les plans de divers types de maisons à étages. — C'est en Angleterre que les maisons de ce genre sont les plus importantes, car on y trouve des groupes qui contiennent jusqu'à deux mille locataires. Les maisons sont disposées de telle façon que leurs habitants ont à leur disposition une vaste cour dans lesquelles ils peuvent envoyer jouer leurs enfants à l'abri des dangers de la rue.

A Paris, les maisons divisées en petits logements sont établies en général sur des rues. Le rez-de-chaussées est loué à des boutiquiers ; quelquefois, il sert de magasins ou de lieu de réunion.

Les logements sont divisés en deux ou trois pièces. Dans le type classique de M. Lesoufaché, un palier dessert deux logements, l'un de trois pièces, l'autre de deux. Une des pièces ayant entrée directe sur le palier peut être sous-louée.

M. de Madre a employé une disposition qui a été souvent imitée depuis. Un palier dessert quatre logements composés chacun de deux pièces et d'une cuisine. Une pièce sert pour quatre logements.

Les inconvénients de ces maisons sont les suivants : la ventilation s'y fait mal pour la moitié des logements, l'orientation est défectueuse, les privés sont en mauvais état, l'escalier n'est pas assez éclairé.

Les maisons de M. de Madre, construites il y a une vingtaine d'années, ont fait un grand bien dans Paris. Elles sont habitées par près de cinq mille personnes ; aujourd'hui, quand un logement devient vacant, on le remet à neuf et on le loue 25 0/0 plus cher. M. de Madre n'a aucune action sur ses locataires. Il avait installé une conduite pour permettre à la ménagère d'envoyer du palier de son étage les détritus provenant de la vie journalière dans un réduit spécial, placé au rez-de-chaussée, mais il fut obligé de le supprimer, par suite de son obstruction fréquente. Un grand nombre de constructeurs ont adopté le système de M. de Madre; nous citerons parmi eux, M. Rozière, qui obtint du gouvernement français une subvention égale au tiers du prix de revient de ses habitations.

Les maisons construites dans ces derniers temps suivant le système de Madre, furent plus confortables. M. Paul Dubos établit quatre-vingt-seize maisons à cinq étages dans les quartiers de la butte Montmartre; chaque logement possède son privé.

M. Vaillant, architecte de la Société coopérative de consommation du XVIII° arrondissement, adopta également le système de Madre. La cuisine est spacieuse, mais les chambres ne communiquent pas, comme chez M. de Madre; par suite, on peut isoler un malade et surtout ventiler les pièces.

Les dernières maisons à étages, suivant le système que nous étudions, ont été construites à Paris par M. Chabrol, architecte de la Société philanthropique. Les logements du dernier groupe, construit boulevard de Grenelle, sont composés de trois pièces qui communiquent entre elles; dans l'une d'elles on dispose trois compartiments : l'un sert d'entrée, le second de cuisine et le troisième de privés. La ménagère peut faire sa cuisine et chauffer la salle à manger sans employer deux lumières et sans faire deux feux. Une conduite communiquant avec un réduit situé au rez-de-chaussée permet d'y envoyer directement les ordures du ménage; jusqu'à présent l'appareil a fonctionné convenablement. Un gérant et un concierge résident dans l'établissement et y assurent l'ordre et la bonne tenue.

D'après un grand nombre de personnes, le problème qui consiste à bien loger l'ouvrier dans les villes a été résolu par la Société philanthropique. Nous ne sommes pas de cet avis, car nous avons visité des maisons à étages qui offrent moins de prise à la critique.

Un autre système de maison a été créé par M. Puteaux. Dans
ce système, les logements composés de deux pièces sont disposés de telle sorte qu'en ouvrant les portes et les fenêtres, il se
produit une ventilation naturelle. La cuisine est placée à côté
de la salle à manger ; elle est un peu étroite. Les maisons de
M. Puteaux ont été subventionnées par le gouvernement français, ainsi que celles de M. Camille qui en a construit, boulevard
d'Enfer, une vingtaine analogues.

M. Godin, à Guise, a créé un système tout différent : il a
disposé son bâtiment suivant une forme rectangulaire, de façon
à ce qu'une rangée de chambres ait vue sur une grande place,
ou sur des jardins, et l'autre sur une cour. Les escaliers sont
placés aux quatres angles du bâtiment ; ils donnent accès à des
balcons qui conduisent aux logements. Cette disposition permet
aux parents d'assister à la revue de propreté qu'on fait passer
aux enfants avant de les envoyer à l'école. C'est également
dans ces cours qu'ont lieu les fêtes du travail.

La cour est couverte par une toiture vitrée disposée de façon
à permettre de la ventiler et de l'aérer énergiquement.

La ventilation des logements s'opère en ouvrant les portes et
les fenêtres. Les logements sont placés de façon à pouvoir être
réunis deux par deux.

Le système des balcons est beaucoup employé en Angleterre ;
nous n'aimons pas ce système de maisons, qui permet de voir ce
qui se passe dans une cuisine et dans une partie des autres.

Les balcons ont l'inconvénient d'assombrir les étages inférieurs
et, en cas d'incendie, les chances d'évasion sont diminuées.
Toutefois, chez M. Godin et dans la majeure partie des maisons,
dites modèles, les escaliers sont en matériaux incombustibles,
et de gros murs, placés de distance en distance, permettent de
circonscrire rapidement un incendie à l'aide de dispositions
spéciales.

Dans les maisons de *the Improved Dwellings company*, on
dispose les chambre sur trois rangs parallèles. On éclaire celles
du milieu par des courettes, appelées vulgairement pompes-à-
jour. On a imité cette disposition à New-York, mais on y a
bientôt renoncé. On se contente, dans les nouvelles maisons, de

deux rangées de chambres qu'on dispose en logements de façon à ce que la ventilation puisse être faite naturellement en ouvrant les portes et les fenêtres.

L'escalier est souvent sur le devant de la maison ; il est très éclairé et très aéré, mais il passe devant les fenêtres de plusieurs chambres.

Les nouvelles maisons américaines sont assez complètes : elles ont jusqu'à sept étages ; l'escalier est en matériaux incombustibles, un monte-charge amène les gros paquets sur les paliers de chaque étage. Dans chaque logement, il y a un privé.

Dans les maisons à étages des pays du Nord, où la famille passe une grande partie de son temps dans son logement, on a reconnu le besoin de faire des économies sur le combustible et de ventiler énergiquement les logements, c'est pourquoi on dispose le fourneau de façon à ce qu'il puisse chauffer toutes les chambres.

Construction d'une maison pour une famille. — La maison destinée à une famille se compose de deux ou trois pièces, d'une cuisine et de dépendances. Les dépendances sont la cave, le grenier, le caveau, une petite écurie pour animaux domestiques, un hangar pour le bois, un jardin ou une cour.

La maison peut être à rez-de-chaussée ou à un étage. Beaucoup d'hygiénistes n'admettent pas les maisons à rez-de-chaussée ; d'après eux, les chambres à coucher situées au rez-de-chaussée sont des nids à rhumatismes : nous n'avons pas remarqué ces effets dans les maisons bien construites où l'on a pris des précautions pour éviter l'humidité. La Compagnie d'Anzin possède aujourd'hui près de 2,800 maisons dont la plupart sont à rez-de-chaussée ; elle n'a pas observé plus de maladies parmi les habitants des maisons à rez-de-chaussée que dans les autres.

Au point de vue de la sécurité, de la commodité et de la valeur du prix de revient, les constructions à rez-de-chaussée sont plus avantageuses que les maisons à un étage.

Lorsque toutes les pièces d'un logement sont sur le même étage, on n'a pas à craindre de chutes dans l'escalier, la mère peut mieux surveiller ses enfants en faisant son ménage. Lorsqu'on construit une maison à un étage on économise du terrain, on diminue la surface à couvrir ; par contre, on est obligé de construire un escalier et de faire des murs plus solides que pour une maison à rez-de-chaussée.

Dans bien des cas, on arrive à établir des logements au même prix en adoptant, soit la maison à rez-de-chaussée, soit la maison à étage. Lorsque le terrain est appelé à acquérir une certaine valeur au bout d'un certain temps, il est préférable de construire le plus économiquement possible une maison à rez-de-chaussée, car, en vendant à prix égal une propriété dont la surface est plus considérable, on donne à son acquéreur plus de chances de faire une bonne opération.

La maison pour une famille doit être sur cave quand le sol le permet. Lorsque le niveau des eaux est à une petite distance du sol, on est obligé de surélever le plancher du rez de-chaussée, ou de se contenter d'un caveau.

Lorsque le sol est bon, il suffit quelquefois de faire une cave sous la moitié de la maison.

Quand on construit plusieurs maisons destinées à des ménages d'une famille, il faut bien étudier le mode de groupement, afin de bien utiliser le mieux possible le terrain.

Lorsque les maisons doivent être vendues, il faut les placer sur des voies susceptibles d'être classées, c'est-à-dire acceptées par la commune dont elles dépendent, qui se chargera de les entretenir en bon état de viabilité. Une voie classée coûte toujours très cher de premier établissement ; par suite, il est nécessaire de réduire au minimum la façade de la propriété sur cette voie. Quand les habitations sont destinées à rester entre les mains du même propriétaire, on s'arrange de façon à les desservir par les chemins les plus économiques possibles. Le terrain et la clôture ne reviennent pas à un prix trop élevé. On a une grande latitude pour les disposer. On peut les placer le long des chemins, en quinconce, comme MM. Japy frères l'ont fait à Beaucourt, en face l'une de l'autre comme dans la cité Sainte-Marie, appartenant au Creusot.

Les habitations peuvent être groupées par deux, c'est le système préféré par la compagnie immobilière de Liège. Les sociétés d'*Habitations Ouvrières* du Havre, de Balbec, M. Menier, à Noisel, etc., ont également adopté cette disposition.

Le groupement par trois est en usage à Aniche. On s'en sert pour bâtir des maisons sur l'angle de deux rues.

Le groupement par quatre est le système le plus remarquable; il a été inauguré à Mulhouse par M. Emile Muller. Deux murs étant mitoyens, on fait l'économie d'un mur sur quatre; deux façades de la maison sont exposées à l'air, par suite, la ventilation est facile; néanmoins, comme l'air vicié adhère aux murs et qu'il pourrait séjourner dans plusieurs coins, M. Muller a disposé des tuyaux de ventilation qui partent de la cave et débouchent sur le toit.

Ce groupement par quatre exige beaucoup de façade sur la rue; la maison étant placée au fond de la propriété, la canalisation des eaux ménagères et des vidanges est coûteuse; il en est de même pour celles de l'eau potable et du gaz, quand on les amène jusque dans la maison. J'ai construit ces maisons suivant ce système; j'ai cherché à les vendre par annuités, je n'ai pas trouvé d'acquéreur; mais je les ai louées à des prix très différents, suivant leur exposition. On comprend qu'une maison exposée au *midi* et à l'*est* se loue plus cher dans nos contrées que celle qui lui est adossée. Lorsqu'on vend les maisons, il peut encore arriver que les propriétaires les ornent d'une façon différente. Ainsi à Mulhouse, malgré les clauses rigoureuses des cahiers de charges nous avons vu un groupe de quatre maisons dont chacune était peinte d'une couleur différente; même lorsque les couleurs employées sont les mêmes, si les réparations ne sont pas faites en même temps, l'aspect des façades est toujours bizarre. La vue de l'état du jardin depuis la rue est aussi un inconvénient. Il arrive souvent que, pour une cause ou pour une autre, un jardin soit mal tenu ou cultivé d'une façon différente. Dans le système de Mulhouse, la clôture sur rue a une longueur relativement importante, comme elle doit être tenue en bon état; elle exige des réparations coûteuses lorsqu'elle est faite légèrement et elle augmente le prix de revient de la maison quand on la fait avec des murs.

Malgré toutes ces critiques, le système mulhousien a été employé presque partout. Nous avons donné dans notre ouvrage sur les *Habitations ouvrières en tous Pays* des types de maisons établies suivant ce système à Bubna en Autriche, à Francfort-sur-le-Mein, à Barmen, à Saint-Gilles près Bruxelles, etc.

Nous avons remarqué à l'Exposition de 1889 les plans des maisons de la cité de Romilly, construites par la Compagnie de l'Est, les maisons de MM. Peugeot, à Audincourt; celles de M. Imbach, à Loerrach, etc.

En Angleterre, nous n'avons jamais vu de maison de ce genre, parce que les Anglais n'aiment pas à se tenir dans un jardin en façade sur une rue, d'où on peut voir ce qui se passe dans leur propriété.

Un groupe de quatre maisons avec cour intérieure a été fait à Micheroux en Belgique, pour tenir compte des coutumes des ménagères belges qui tiennent à avoir un endroit où elles puissent travailler à l'air sans être vues de leurs voisins.

Depuis quelque temps on préconise une disposition définitivement abandonnée en Angleterre et qui consiste à disposer les quatre logements d'un groupe de quatre maisons, de façon à ce que trois pièces et cuisine soient sur un même étage et que chaque logement ait son entrée séparée. Ce système employé par l'Association métropolitaine, n'a jamais joui d'une grande faveur en Angleterre; il n'a pas eu beaucoup plus de succès à Reims; nous ne croyons pas qu'il en ait beaucoup plus lorsque les habitations sont destinées à être vendues. Une loi spéciale a été promulguée en Angleterre pour faciliter la vente de parties de maisons, mais jusqu'ici elle n'a pas été souvent appliquée, d'après l'opinion de Raffalovich, qui en rend compte dans son beau livre, intitulé : *Le Logement de l'Ouvrier et du Pauvre.*

Les groupes de cinq, six, huit, dix, vingt maisons et plus, sont nombreux; ils sont formés avec des types de maisons que nous avons décrits et avec ceux qu'on emploie pour disposer les maisons en ligne. Lorsqu'on groupe les maisons en lignes on peut le faire de diverses manières, savoir :

1° Les aligner avec façade sur une rue et une autre sur jardin ou cour ;

2° Les disposer entre un petit jardin de deux à trois mètres de profondeur et une grande cour ou jardin ;

3° Placer un grand jardin sur rue et une petite cour derrière la maison ;

4° Supprimer la cour et grouper les maisons de façon à avoir trois murs mitoyens ;

5° Disposer les maisons de manière à donner à l'immeuble un certain caractère architectural.

Le placement de maisons en bordure des rues est très communément employé dans le Nord. Les maisons des cités ouvrières de Lille sont dans ce cas, ainsi que la plupart des habitations ouvrières des mineurs.

Les types des maisons en lignes sont peu nombreux ; ils se divisent en deux groupes principaux.

Le type de maison avec façade étroite dont une pièce donne sur une rue et l'autre sur une cour ou jardin est le plus répandu. Il permet de réduire les frais de viabilité au minimum. On réalise également une économie notable, parce que les murs exposés à l'air, qui doivent être exécutés avec soin, ont peu de surface, et que les murs mitoyens peuvent être faits en plâtras ou en béton de machefer ; la ventilation peut s'effectuer facilement par l'ouverture des portes et des fenêtres.

Les façades sur rues ont plusieurs inconvénients : les passants voient ce qui se passe dans l'intérieur des chambres du rez-de-chaussée ; de plus, quand on construit dans des villes, il faut se conformer à des règlements qui donnent lieu à des dépenses considérables ; ainsi, à Paris il faut faire des harpes d'attente, des jambes étrières, etc. ; c'est pourquoi on adopte en général un petit jardin devant la maison.

Le jardinet a encore l'avantage de permettre le placement d'un escalier qui dessert le sous-sol ; par suite, on peut supprimer le couloir du rez-de-chaussée, qui conduit de la rue au jardin, et réduire la façade de la maison à son minimum.

Le couloir faisant communiquer le jardin avec la rue est très utile pour faire le service de la culture ; néanmoins dans plusieurs cités on l'a supprimé, et on dessert ces jardins au moyen de chemins spéciaux.

M. Fanien aîné, à Lillers, a construit des maisons qui n'ont que 3ᵐ00 d'axe en axe des murs mitoyens. La disposition qu'il emploie réduit au minimum la largeur de la façade, mais elle a l'inconvénient de permettre l'entrée directe de la rue dans la maison, ce qui rend très difficile le chauffage de la pièce d'entrée et surtout l'entretien en état de propreté.

Le système de maisons en ligues, avec grand jardin sur la rue, a été employé à Mulhous · et dans divers endroits, notamment à Liège. Nous avons remarqué dans cette dernière ville que les jardins de plusieurs maisons vacantes étaient en très mauvais état, tandis que ceux des propriétés voisines étaient parfaitement tenus : l'aspect général des jardins n'était donc pas satisfaisant. Une critique plus grave est relative à la canalisation des eaux ménagères envoyées à l'égout, qui devient d'autant plus dispendieuse que la maison est plus éloignée de la rue.

Le système des maisons mulhousiennes adossées de façon à ce que trois murs soient mitoyens, est défectueux au point de vue de l'orientation et de la ventilation, parce qu'une seule façade est exposée à l'air. Nous n'en conseillons pas l'emploi, malgré son économie. Cette disposition, dite système de back-to-back (dos-à-dos), en Angleterre, a été interdite par une loi. Dans plusieurs pays, la loi impose aux constructeurs l'obligation de réserver un espace libre de tout bâtiment. Cette surface libre varie de un quart à deux cinquièmes de la surface totale de la propriété. A Paris, les nouveaux règlements permettent d'établir des chambres à coucher sur des cours qui ont une surface minimum de trente mètres carrés, soit 5ᵐ de large sur 6ᵐ de profondeur.

Les chambres à coucher situées au dernier étage des maisons peuvent prendre jour sur le toit, par suite on est libre de les établir sur des courettes de 2ᵐ sur 2ᵐ.

Les maisons groupées de manière à présenter un aspect architectural sont ordinairement construites suivant le type à façade étroite employé dans le Nord.

Nous citons, dans notre étude sur *Les Habitations ouvrières* exposées en 1889, plusieurs groupes de maisons ainsi disposées, et nous en avons reproduit les plans dans les *Habitations ouvrières en tous Pays*.

Prix de revient d'un logement dans une maison à étages. — Une maison à étages, divisée en petits logements, peut se composer de un ou deux étages, de caves, d'un rez-de-chaussée, de cinq étages carrés et de mansardes.

Les maisons du boulevard de Grenelle, qui appartiennent à la « Société Philanthropique », sont distribuées de cette façon; elles reviennent à 750 fr. le mètre superficiel.

Les maisons parisiennes se composent en général d'un seul étage, de cave, d'un rez-de-chaussée, de quatre étages carrés et d'un comble mansardé.

Le prix du mètre carré de ces maisons, exécutées suivant la série de prix de la ville de Paris, revient à des prix qui varient entre 600 et 700 francs, mais les entrepreneurs de ce genre de construction peuvent les établir pour 500 francs.

Le prix du terrain varie de 50 à 150 francs le mètre superficiel.

La viabilité sur une rue classée revient à 200 francs le mètre linéaire pour chaque riverain; comme un terrain a en moyenne vingt mètres de profondeur, la viabilité élève de dix francs le prix du mètre superficiel.

Lorsqu'une maison est en bordure d'une rue classée, on peut louer le rez-de-chaussée à des commerçants et, par suite, tirer du rez-de-chaussée un produit double de celui d'un autre étage. Ainsi, dans les maisons subventionnées par l'Etat en 1852, une boutique se louait à raison de 15 fr. le mètre, et un étage à 8 francs.

On peut donc, le plus souvent, compter sur la location de sept étages. Par suite, le mètre superficiel d'étage revient à $700 : 7 = 71$ fr. Le prix de revient du mètre superficiel de construction utilisable pour le logement doit être majoré d'une certaine somme établie en tenant compte de la surface occupée par les couloirs, les escaliers, le concierge, les courettes, la cour.

En moyenne le mètre d'étage dans une maison parisienne revient à 100 francs.

Un mètre carré de logement est loué à raison de 7 à 8 francs, pour faire produire un intérêt de 5 0/0 net au capital employé.

Les petits logements parisiens composés en moyenne de deux

pièces et cuisine, ont une surperficie de 24 à 30 m. c. ; ils sont loués de 200 à 300 fr. suivant les quartiers. Par suite, ils rapporteraient un bénéfice très rémunérateur si les locataires payaient régulièrement leurs loyers et si les charges qui grèvent la petite propriété à Paris n'étaient pas aussi considérables qu'elles le sont.

Prix de revient des Maisons pour une famille. — Le prix de revient d'une maison pour une famille varie beaucoup par suite des circonstances dont on peut tirer parti pour le diminuer. La valeur du terrain, ainsi que celle de la construction, sont également sujettes à variations. Lorsqu'on est certain de l'occupation d'un grand nombre de petites maisons, on peut les construire sur du terrain en culture que l'on transforme en terrain à bâtir par une voirie convenable. Le prix du terrain affecté à la construction d'habitations ouvrières varie beaucoup.

D'après M. Picot, aussitôt que le prix du terrain dépasse 5 francs le mètre, il ne faut plus l'utiliser pour des maisons isolées. Je ne partage pas l'avis de l'illustre académicien, car j'avais pour les dix maisons que j'ai cédées à la *Société des Habitations ouvrières* de Passy-Auteuil, près de 400 amateurs qui s'engagaient à les acquérir moyennant le paiement d'une annuité de 400 francs pendant 20 ans.

Les maisons me revenant à *5,000 francs*, j'avais fixé l'annuité payable pendant 20 ans à 8 0/0 du prix de revient ; la valeur de 5 0/0 de ce prix était prélevée pour tenir compte de l'intérêt du capital et 3 0/0 pour son amortissement.

Le type le meilleur marché comprenant trois pièces et cuisine en était revenu à.............................. 3,400 fr.

Le terrain, 70 mètres à 13 fr. 20, soit......... 924

La clôture, la viabilité, la canalisation des eaux potables et ménagères à........................ 676

Par suite la propriété revenait à un prix total... 5,000

Le terrain m'avait coûté, frais compris, 13 fr. 20 le mètre, parce qu'il était profond et étroit ; comme les propriétaires voisins vendaient le leur à raison de 50 francs le mètre, je pouvais, en vendant les lots de ma cité en bordure des voies classées, réaliser un bénéfice qui eût couvert mes frais généraux.

Quand j'ai commencé mes essais pratiques, on cultivait encore, dans Paris, des champs à l'aide de la charrue. J'en fis l'acquisition au prix de six francs le mètre. Je voulus les apporter à prix coûtant à une Société, mais malgré l'appui de MM. Jean Dollfus, Emile Muller, Jules et Jacques Siegfried, Godillot, Jonquoy, je n'arrivai pas à réunir un capital suffisant et je fus obligé d'exploiter près de 70,000 mètres de terrain. Connaissant les ennuis résultant des Syndicats, je voulus faire des rues classées, c'est pourquoi j'offris à la Ville de lui céder des rues de huit mètres de large, pavées, pourvues d'une canalisation d'eau, bordées de chaque côté d'une zone de deux mètres de large sur laquelle il était interdit de construire. Ma proposition ne fut pas acceptée, et la Ville eut raison, car mes acquéreurs, tout en observant les clauses du cahier des charges que je leur avais imposées, ont donné aux rues un aspect très disgracieux, par suite de l'emploi varié du terrain grevé de servitudes. Les uns l'abandonnèrent purement et simplement, les autres se clôturèrent soit avec des murs, soit avec des treillages.

En raison des ennuis que j'ai éprouvés, je ne conseillerai à personne de construire à Paris des petites habitations sur des terrains en bordure de rues non classées, lorsque ces maisons sont destinées à être vendues. Mais il n'en est pas de même lorsqu'elles ne doivent être que louées, comme on le fait quand on met un terrain en valeur par l'établissement de constructions légères qu'on loue en attendant une plus-value certaine du sol.

La valeur du terrain n'est pas le principal élément du prix de revient d'une maison pour une famille.

On peut établir une habitation de ce genre sur un espace de 60 mètres carrés, en admettant que le prix du mètre soit de dix francs plus élevé que celui qu'admet M. Picot ; on augmente de ce chef le prix de revient de la construction d'une valeur de six cents francs. On peut gagner amplement cette différence en choisissant un terrain qui n'exige pas de fondations coûteuses et en réalisant des économies dans les constructions, lorsqu'on les fait soi-même. Ainsi, M. Chabrol, l'habile architecte des maisons ouvrières de l'Association philanthropique, évaluait à la somme de six mille francs le prix de revient de maisons qui m'ont coûté quatre mille cinq cents francs livrées clefs en main. Il est bien évident qu'une construction peut être plus ou moins soignée. J'ai fait diriger des constructions ouvrières par plusieurs architectes diplômés, et je n'ai pas trouvé que les habitations construites sous leurs ordres donnaient lieu à moins de réparations que celles construites par les entrepreneurs généraux qui ont l'habitude de ce genre de travail. On entend souvent dire que des maisons sont faites pour durer quinze ans, et qu'au bout de ce temps il n'en reste rien que des constructions bonnes à démolir. Cette assertion a besoin d'être prouvée, car nous n'avons jamais vu un propriétaire obligé de recourir à cette extrémité. Je possède des maisons ouvrières à cinq étages carrés construites en 1848 avec de vieux matériaux, à raison de trois cent cinquante francs le mètre superficiel d'étage ; faites à la série du prix, elles eussent coûté cinq cents francs et n'eussent pas été louées plus cher. J'ai donc bénéficié par mètre carré d'une somme de cent cinquante francs qui, placée à un intérêt composé pendant quarante-deux ans, produit $150 \times 0{,}542 = 1200$ francs, et s'il me fallait démolir aujourd'hui mes maisons, je pourrais en construire le double avec les économies réalisées par les loyers encaissés.

Depuis longtemps j'ai dit qu'on devrait construire industriellement les maisons d'ouvriers comme on le fait pour des machines. Lors de l'Exposition de 1889, MM. de Nœyer et Fanien ont démontré la possibilité d'obtenir des constructions à des conditions exceptionnelles de bon marché, pour loger leurs employés. M. Fanien établit des maisons comprenant cinq pièces et une cuisine moyennant la somme de 1,950 francs. Il arrive à ce résultat en faisant exécuter par ses ouvriers, des briques, des fenêtres, des escaliers, etc., et en dirigeant lui-même la construction. M. de Nœyer atteignit le même but en suivant une marche analogue. Les maisons qu'il a construites sur l'Esplanade des Invalides ont été considérées par tous les hommes du bâtiment comme des habitations d'employés, et cependant, en Belgique, elle ne reviennent qu'à *2,300 fr*. Il est vrai que la brique est vendue en Belgique à raison de 8 francs le mille, et que la main-d'œuvre s'y paie bien moins cher qu'en

France. Nous ferons remarquer aussi que le prix de 2,300 fr. ne comprend pas la viabilité ni la canalisation des eaux ménagères, ni l'établissement d'un système de vidange convenable. A ce sujet, il est à observer que les industriels de l'ancien monde sont loin de loger leurs ouvriers aussi confortablement que ceux du nouveau. Ainsi, M. Pullmann, avant de construire la ville qui porte son nom, dépensa une somme de *5,000,000 de francs* en canalisation d'eau potable et ménagère et en frais de de viabilité, avant de faire les fondations d'une seule maison. M. Dolge, à qui Dolgeville doit sont agrandissement, place des salles de bains dans les maisons de ses ouvriers et il les éclaire à la lumière électrique. Les maisons sont louées à raison de 150 fr. par an et vendues 7,500 francs.

Lorsqu'on se contente d'une maison avec deux pièces et cuisine, on peut arriver à en construire moyennant 1,000 francs comme l'a fait M. Mulot, pour loger les ouvriers de sa carrière de pavés à Saint-Chéron. Lorsqu'on veut loger convenablement une famille, c'est-à-dire lui donner trois pièces, une cuisine et un jardin, il faut compter à Paris sur une dépense de 6,000 francs par maison.

Dans la plupart des environs de Paris la construction coûte aussi cher que dans la ville même, malgré les réductions que l'on peut faire par suite de l'absence d'octroi.

La viabilité dans les communes du département de la Seine devient de plus en plus coûteuse. Les communes n'acceptent plus les rues à l'entretien que lorsqu'elles ont une largeur de douze mètres. Néanmoins, nous avons réussi à faire classer par la commune de Vanves des rues d'une largeur de dix mètres ; par contre, elles étaient pavées sur une largeur de huit mètres, pourvues de trottoirs avec bordures en granit et munies d'une canalisation d'eau. Le mètre linéaire d'une telle voie revient à près de cent francs ; par suite, le prix du mètre carré d'un lot de terrain desservi par elle ayant vingt mètres de profondeur serait augmenté de deux francs cinquante par le fait d'une mise en état de viabilité incomplète.

Les communes du département de la Seine sont, en général, plus exigeantes que la commune de Vanves, c'est pourquoi il serait inutile de chercher à y établir des habitations pour une famille tant qu'elles n'attireront pas les constructeurs par des avantages relatifs à la viabilité.

Le plus grand obstacle qui s'oppose à l'adoption de maisons pour une famille provient des charges qui les grèvent, ainsi que nous allons le démontrer par l'étude que nous allons faire de l'exploitation des petits logements.

Exploitation des habitations ouvrières. — Les habitations ouvrières peuvent être construites soit pour être vendues, soit pour être louées. A Paris, les maisons destinées à être vendues sont en général construites par des entrepreneurs avec de vieux matériaux provenant de la démolition d'immeubles. Les maisons sont ensuite louées au prix le plus élevé possible pour séduire l'acquéreur. Souvent, les boutiques sont louées par bail authentique indiquant que le loyer de la dernière année a été payé d'avance en dehors de la vue des notaires. Il est rare que le loyer d'avance ait été payé, et que le propriétaire n'ait pas réparti sa valeur sur celle des termes restant à courir. Lorsqu'une boutique a été mise en valeur pendant un certain temps, elle constitue un fonds de commerce, qui a une certaine valeur. Sous l'Empire, la vente des fonds de commerce a pris une grande extension. Beaucoup d'hommes intelligents prenaient à bail des boutiques dans les maisons bien placées que l'on construisait en si grand nombre ; ils y créaient un commerce, et quand il était prospère, ils vendaient le fonds. Bien des travailleurs ont englouti leurs épargnes dans l'acquisition de pareils fonds, surtout depuis que la concurrence créée par les grands magasins fait fermer les boutiques les unes après les autres.

Les habitations ouvrières à étages ont rarement été établies par des personnes ayant voulu faire un placement de tout repos, dit *de père de famille*. La gestion des habitations ouvrières est très difficile, car il faut s'en occuper constamment. Il est nécessaire de prendre des renseignements sur la solvabilité et la moralité des locataires qui se présentent.

Il est extrêmement important d'avoir le moins possible des locataires à expulser ; car, d'une part, les frais qui résultent d'une instance judiciaire sont très élevés, et, d'autre part, le logement devenu vacant doit être remis en état moyennant un prix qui absorbe la moitié de la valeur du loyer.

Le loyer est la dette que l'ouvrier paye le moins régulièrement par suite des facilités qu'il trouve pour se soustraire à cette obligation et de l'indulgence qu'on a en général pour le pauvre diable qui se trouve sur le pavé.

On ne s'inquiète pas si le propriétaire a des charges à remplir, s'il a des dettes à payer. En 1870, on n'a pas eu l'idée de demander aux industriels qui ont réalisé de grands profits sur leurs opérations faites pendant la guerre, une partie de leurs bénéfices, on a exempté immédiatement les petits locataires du paiement de leurs loyers. Il en est résulté que les propriétaires d'habitations ouvrières ont touché la moitié de leurs revenus bruts. Beaucoup d'entre eux avaient hypothéqué leurs immeubles ; ils ont eu à payer les intérêts des dettes qu'ils avaient contractées, et leurs maisons ont causé des dépenses au lieu de donner des revenus.

La loi sur les loyers a jeté une grande défaveur sur les petits logements. Peu après sa promulgation, les habitations ouvrières se vendaient au Palais de Justice sur le taux de 10 à 15 0/0 de leur revenu brut, et aujourd'hui encore il est très rare de trouver des capitalistes disposés non seulement à faire l'acquisition de maisons à petits logements, mais même à prêter leurs fonds sur hypothèque au taux légal de 5 0/0. Le Crédit Foncier prête à peine le tiers de la valeur d'une construction divisée en petits logements ; les capitalistes prêtent quelquefois la moitié, mais ils demandent des commissions qui élèvent le taux de l'intérêt à 7 et même 8 0/0.

En pratique, à Paris, on fait gérer les maisons d'ouvriers par des hommes qui se consacrent spécialement à l'administration des immeubles, on les remunère à raison de 5 0/0 de revenu brut des petits logements, à moins qu'on ne les donne en principale location à des industriels qui exploitent le plus possible les locataires.

Quelquefois, le locataire principal loue une maison pour tirer parti du rez-de chaussée et de la cour et y exercer une industrie qu'un propriétaire ne tolère pas dans son immeuble.

Les charges d'une maison à étages sont proportionnellement moins considérables que celles d'une maison pour une famille. L'impôt foncier est moins élevé ; à Paris, l'impôt mobilier n'est pas réclamé au locataire d'un logement d'une valeur inférieure à 500 francs ; le branchement d'égout, obligatoire pour une maison en bordure d'une rue classée, coûte le même prix pour une maison à étages que pour une habitation d'une seule famille ; il en est de même de l'impôt du balayage et du droit d'écoulement des vidanges à l'égout.

La fourniture de l'eau coûte également plus cher dans une maison pour une famille que dans une maison à étages. A Paris, la Compagnie des Eaux installe un robinet sur un palier moyennant une somme de dix-huit francs. Lorsque le palier dessert trois ou quatre ménages, le prix de revient de l'eau ne dépasse pas six francs par famille ; il n'en est plus de même pour une maison isolée. Depuis quelques années, on peut obtenir l'eau moyennant un paiement annuel de 25 francs, plus l'abonnement au compteur et l'entretien de la canalisation. Dans ce cas, la fourniture de l'eau coûte trente francs par an.

Dans les communes qui avoisinent Paris, l'eau nécessaire à une famille revient à un prix plus élevé. Aux Lilas, la Compagnie des Eaux m'ayant demandé soixante-dix francs par an pour donner de l'eau à une famille qui payait trois cent-cinquante francs de loyer, j'ai fait un puits par deux maisons. L'eau revenait ainsi à quinze francs par famille. Dans la commune de Vanves, la Compagnie des Eaux donne à titre de tolérance une concession de soixante-dix francs pour deux maisons, mais lorsqu'une des deux maisons vient à changer de propriétaire, la Compagnie se réserve le droit de résilier la convention et elle en use. Dans le cas où les maisons pour une famille sont groupées en cité, on peut établir un compteur le plus près possible de la conduite d'amenée des eaux et faire la distribution à sa guise, soit à l'aide d'une borne fontaine, soit en envoyant l'eau dans chaque maison. En suivant ce dernier procédé, la Société de Passy-Auteuil arrive à ne dépenser que quatorze francs par ménage.

La fourniture d'eau aux habitants d'une cité, au moyen d'une seule concession, ne peut se faire à Paris que lorsque les maisons appartiennent à un même propriétaire. Quand les habitations appartiennent à différents propriétaires, le service de l'eau peut être fait par les soins d'un syndicat formé par les intéressés.

Dans diverses communes, on fournit de l'eau aux travailleurs à des conditions modérées. A Orléans, on fait payer quatre francs par ménage ; il en est de même dans la cité Van Marken à Delft (Hollande).

Dans quelques cas, on fournit l'eau gratuitement aux ouvriers. La ville de Paris a établi un grand nombre de fontaines où l'on peut se procurer gratuitement l'eau nécessaire aux besoins d'un ménage. La fourniture de l'eau étant généralement faite par des Sociétés commerciales, on ne peut leur demander de donner leur marchandise, mais on pourrait les empêcher d'exploiter l'habitant d'une petite maison, comme le fait la *Compagnie générale des Eaux*.

Ainsi que nous l'avons dit, en fournissant l'eau par l'intermédiaire d'un Syndicat, on peut procurer de l'eau à un ménage moyennant une somme annuelle de quatorze francs, tandis que lorsque la même quantité d'eau est fournie directement, on la paie trente francs. De plus, on est obligé, pour faire la canalisation d'eau jusqu'au compteur, de s'adresser à la *Compagnie des Eaux*, qui, grâce à son monopole, la fait payer un prix bien supérieur à celui que demanderait un entrepreneur de plomberie.

CHAPITRE IV

Étude des moyens à employer pour provoquer la construction d'habitations ouvrières convenables

Dans une société bien organisée, tout objet manufacturé devrait pouvoir être vendu ou loué de façon à rémunérer suffisamment le travailleur qui l'a produit. Il devrait en être de même des petits logements destinés aux ouvriers ; malheureusement, nombre de causes s'opposent à ce résultat. Lorsqu'un industriel a besoin de main-d'œuvre, il s'occupe de l'habitation de ses hommes ; il les loge plus ou moins bien ainsi que nous l'avons vu.

En Allemagne, l'administration communale forcée de veiller à l'entretien des malheureux, prend des mesures répressives a l'égard des manufacturiers qui peuvent provoquer de l'encombrement et, par suite, amener la misère dans des ménages ; mais il n'en est pas de même en France.

Dans les centres où l'industriel trouve de nombreux ouvriers il ne s'inquiète pas de leur logement et il laisse ce soin à la spéculation. Nous avons vu que l'administration des maisons d'ouvriers n'est pas chose facile, et que les loyers rentrent difficilement ; il n'est donc pas étonnant que les petits logements soient loués proportionnellement plus cher que les grands.

Il y a néanmoins divers cas qui engagent la spéculation à s'occuper activement du logement des ouvriers. Ainsi, à Paris et ailleurs, on voit souvent acheter un terrain d'une certaine superficie, construire sur une partie et donner ainsi de la valeur au reste. Le bénéfice que l'on réalise sur la revente du terrain diminue de beaucoup le prix de revient de la maison.

On peut aussi construire des maisons, les louer en principale location avec promesse de vente, et les vendre suivant paiements par annuités : ce sont surtout les opérations qui ont rapport aux maisons pour une famille qui permettent de réaliser des bénéfices importants. Les opérations les plus fructueuses consistent à faire l'acquisition de terrains en culture, de les transformer en terrain à bâtir par des travaux de viabilité bien compris et de revendre le terrain par lots.

Pour effectuer les ventes dans un délai rapproché on emploie diverses combinaisons : on loue avec promesse de vente, on vend par annuités ou en donnant un délai d'une vingtaine d'années pour se libérer; on vend en s'engageant à fournir une certaine somme à l'acquéreur pour lui permettre de construire, etc.

Un grand nombre de particuliers et de sociétés ont réalisé des bénéfices considérables en vendant, avec facilités de paiement, de petits lots de terrain provenant de la division de grandes propriétés. Nous citerons en France la Compagnie du chemin de fer de l'Est, qui a créé les petits villages situés le long de la ligne de Vincennes, la Société qui exploite l'ancien marché aux chevaux, situé place du Danube, à Paris.

En Angleterre, la transformation des terrains de culture en terrains à bâtir a provoqué la constitution d'un grand nombre de sociétés, dites *land societies*, dont les membres s'engageaient à prendre chacun une surface de terrain.

Si la revente des constructions à une famille n'a jamais donné lieu à des bénéfices importants, malgré les économies réalisées, par contre, le prêt de capitaux destinés à construire des maisons a provoqué la formation de puissants établissements de crédit. En France, le Crédit Foncier obtient de l'argent à un taux qui varie entre 3 et 4 0/0, et il le prête sur hypothèque avec une majoration de 1 0/0.

Les mêmes opérations, le prêt d'argent remboursable par annuités et l'émission d'obligations hypothécaires libérables par petits versements, ont donné lieu en Angleterre et en Amérique à la formation de plusieurs milliers de *building societies*.

Souvent la *building society* fait les opérations des *land societies*. J'ai essayé d'implanter ces sociétés en France, et, comme les deux plus grands obstacles au prêt de petites sommes sont : 1° les frais qui résultent des prêts hypothécaires; 2° les dépenses occasionnées pour obliger les emprunteurs à remplir leurs engagements, j'ai pensé qu'on pourrait les éviter en opérant de la façon suivante :

J'ai acquis de grands terrains dans Paris et aux environs ; je les ai lotis, puis j'ai construit une vingtaine de types de maisons, de façon à en connaître exactement le prix de revient. Ceci effectué, j'étais en mesure de dire à un amateur de maisons : voici le plan d'une maison que vous pouvez voir construite et habitée dans tel endroit; j'ai des terrains situés aux endroits indiqués sur le plan de Paris que je vous remets; si la maison et la situation vous convenaient, vous pourriez en devenir propriétaire soit par annuités, soit en payant comptant telle somme. Pour diminuer les frais résultant d'obligations hypothécaires et pour éviter

de majorer votre propriété de 10 0/0, je consens à vous louer
par bail sous-seing privé avec promesse de vente, la maison que
vous pourrez habiter dès qu'elle sera vacante. Vous serez libre
de réaliser le contrat par devant notaire dès que vous aurez payé
une somme suffisante pour répondre de l'exécution du contrat.
Dans le cas où la maison visitée ne serait pas à vendre, ou que
la situation ne vous conviendrait pas, je puis vous faire construire, d'ici à bref délai, sur un de mes terrains choisi par
vous, une habitation identique qui vous sera livrée clefs en mains
moyennant un prix déterminé. En livrant avec promesse de
vente une maison, le bailleur est entièrement garanti, car il est
facile de résilier à peu de frais un contrat de cette espèce.

En suivant le système de Mulhouse, combiné avec celui des
building societies, j'ai bâti près de 70,000 mètres de terrains et,
une fois certain des bons résultats obtenus par ma manière d'a-
gir, j'ai lancé des circulaires pour constituer une société qui, en
se mettant en mon lieu et place, aurait pu augmenter beaucoup
l'importance de mes opérations au moyen de l'émission d'obligations hypothécaires, qui auraient été remboursées au fur et à
mesure des rentrées.

Le résultat de l'envoi de dix mille circulaires fut une souscription de 35,000 fr. Devant un si maigre résultat, j'ai laissé à
d'autres personnes plus influentes que moi le soin de constituer
le *Crédit Foncier populaire*, qui aurait eu pour objet non seulement de faciliter la construction de petits logements, mais
encore de mettre à la disposition des personnes économes des
valeurs dites de père de famille, rapportant le taux légal de
5 0/0.

M. Irénée Lelièvre a créé à Reims sur des bases analogues à
celles des sociétés anglaises, l'*Union Foncière*, qui a pour
objet de construire des maisons et de les vendre par annuités,
de prêter des fonds sur hypothèque aux personnes qui veulent
construire elles-mêmes ; d'accepter de l'argent en dépôt et de
desservir un intérêt de 5 0/0 aux déposants. Grâce au dévouement
et à l'habileté de M. Lelièvre, le succès de la Société est assuré.
La Société a facilité l'acquisition d'une centaine de maisons, et
elle paie les intérêts de près de *1,200,000 francs*. M. Lelièvre

conseille de ne faire des maisons que sur commande, et de n'acheter que les terrains nécessaires à cet effet; il recommande également de ne pas accepter les dépôts d'une importance trop considérable et de consolider les dettes par l'émission d'obligations remboursables par voie de tirage au sort, au fur et à mesure des rentrées.

L'expérience personnelle me permet d'appuyer les conseils de M. Lelièvre, surtout en ce qui concerne la spéculation sur les terrains. Lorsque je fis le lotissement d'un terrain d'une surface de trente mille mètres. entre la rue de Vanves et la rue d'Alésia, je le vendis par petits lots de cent mètres en donnant vingt ans pour payer. Des spéculateurs achetèrent la plus grande partie des lots et les revendirent au triple de leur valeur. J'avais fait poser deux mille affiches dans Paris, aux endroits réservés, annonçant que je mettrais en mon lieu et place toute société composée d'ouvriers. Mais, personne ne me fit d'ouvertures, et, comme ni les pouvoirs publics, ni la Ville, ni l'Assistance publique, ni les capitalistes ne voulurent m'aider à faire une cité modèle, je donnais ordre à mon gérant de revendre tous les terrains que j'avais achetés dans de bonnes conditions pour constituer le *Crédit Foncier populaire*. Je pus faire profiter néanmoins de mes études préparatoires la *Société des Habitations Ouvrières* de Passy-Auteuil. Elle accepta de faire l'acquisition à prix coûtant du terrain d'une surface de cinq mille mètres que je possédais à Auteuil et de dix maisons que mon entrepreneur m'avait livrées, clefs en mains, moyennant la somme de trente six mille francs.

J'avais près de 400 acquéreurs pour les maisons ; quant au terrain voisin du mien il était mis en vente au prix de cinquante francs le mètre. La Société avait tous les éléments nécessaires d'un succès certain ; or, comme elle ne voulait pas faire une opération lucrative, elle organisa un concours à l'effet d'obtenir des types de maisons plus avantageux que les miens.

Aucun des concurrents ne satisfit aux conditions imposées, c'est pourquoi une commission élabora un plan qu'elle chargea M. Jules Cacheux, architecte, de mettre à exécution. Les nouvelles maisons sont à un étage; elles présentent un aspect plus agréable que les maisons à rez-de-chaussée, par contre elles reviennent à un prix de mille francs supérieur à celui de nos types.

On a reconnu que les acquéreurs préfèrent les maisons à rez-de-chaussée aux habitations à un étage, c'est pourquoi la Société a adopté le premier de ces types pour terminer sa cité de l'impasse Boileau.

En Angleterre, la spéculation a mieux réussi qu'en France à procurer des logements convenables aux ouvriers. Elle arrive à retirer un produit rémunérateur en exploitant soit des maisons à étages, soit des maisons pour une famille.

Les maisons anglaises à étages sont construites très économiquement ; de plus, elles sont groupées de façon à être dirigées par un gérant que l'on paie suffisamment pour qu'il puisse consacrer tout son temps à l'exploitation des habitations. Les loyers sont payés tous les quinze jours et des Sociétés de bienfaisance se chargent de venir en aide aux locataires intéressants.

Les maisons pour une famille constituent, ainsi que nous l'avons dit, le joint qui permet d'employer les épargnes des travailleurs à mettre à leur disposition des habitations convenables.

Néanmoins, quoique l'on s'occupe depuis longtemps en Angleterre de la réforme de l'habitation ouvrière, on n'y est pas encore arrivé, pas plus que dans les autres pays, à la résoudre d'une façon satisfaisante. C'est pourquoi nous allons passer en revue ce qui a été fait jusqu'ici dans ce sens et étudier la part que chacun pourrait prendre dans l'amélioration de l'habitation du travailleur.

Intervention du Gouvernement dans la question des petits logements. — Les Gouvernements sont intervenus, plusieurs fois dans la question des petits logements. Ils l'ont fait de trois façons : législativement, moralement, pécuniairement.

L'action législative du gouvernement a été préventive et répressive. L'action préventive, par la promulgation des lois qui ont favorisé la construction de logements convenables, a été bien

5

plus efficace que les ordonnances concernant la réfection des habitations malsaines.

Les lois qui ont provoqué la construction de petits logements ont eu pour objet : d'exempter d'impôt pendant un certain temps les nouvelles maisons à petits logements, comme cela s'est fait en France, en 1848 ; de donner, comme en Belgique, un délai d'une dizaine d'années pour payer les droits d'enregistrement des maisons ouvrières pour une famille et de diminuer les frais relatifs à l'expulsion d'un locataire qui ne tient pas ses engagements ; de supprimer, comme en Angleterre, l'impôt sur les portes et fenêtres; de forcer, comme cela a été fait dans le même pays, les compagnies de chemins de fer à établir un certain nombre de trains destinés aux ouvriers ; d'alléger les frais qui concernent la vente de maisons de faible importance etc. Les lois répressives ne peuvent être appliquées avec la rigueur que rêvent les théoriciens.

Dans tous les pays civilisés, on a de bonnes lois concernant les logements insalubres, mais on ne les applique que progressivement, par suite de l'absence de logements convenables et de l'opposition faite aux exigences des membres de la commission des logements insalubres.

En Angleterre, la loi est très stricte et très complète, mais elle n'est pas toujours mise à exécution. Ainsi, des propriétaires ont répondu à des inspecteurs : « Vous êtes libres de fermer ma maison ; je suis trop pauvre pour la réparer, j'irai au Workhouse. » Un autre fit la réponse suivante : « Vous pouvez chercher dans le village, vous ne trouverez pas une maison dans de meilleures conditions que la mienne. » Une enquête prouva malheureusement qu'il disait vrai. A Paris, les commissions des logements insalubres fonctionnent, mais elles rencontrent bien des obstacles, car rien n'empêche un locataire d'encombrer un logement qu'on lui a loué dans de bonnes conditions, et par suite de le rendre malsain. On peut exiger, comme on l'a fait en Allemagne, qu'il n'y ait qu'un nombre déterminé de personnes dans un local, mais la constatation des contraventions est très délicate et demande un personnel considérable. Ainsi que nous l'avons dit, les commissions de logements insalubres renferment parfois dans leur sein des théoriciens qui exigent des travaux coûteux et parfois inutiles, c'est pourquoi des spécialistes, anciens fonctionnaires de l'administration, se chargent de défendre, devant les conseils de préfecture, les intérêts des propriétaires et très souvent font annuler les décisions des commissions.

La jurisprudence actuelle facilite singulièrement la tâche des avocats des propriétaires récalcitrants ; aussi, a-t-on demandé à réviser la loi sur les logements insalubres. Plusieurs projets ont été soumis à nos Chambres et nous croyons que d'ici à un délai rapproché la législation pourra obtenir des effets utiles. Elle y arrivera d'autant plus facilement à Paris, qu'aujourd'hui il y existe un grand nombre de logements vacants, construits en prévision de l'augmentation de la population parisienne, augmentation qui, pendant plusieurs années, s'est élevée à 50,000 habitants et qui, subitement, s'est arrêtée.

Dans nos départements, beaucoup de villes sont dans le même cas que Paris; par suite, rien ne s'oppose à ce que l'administration agisse énergiquement pour faire disparaître les locaux insalubres.

L'intervention morale des gouvernements s'est souvent manifestée au sujet des habitations ouvrières.

Le ministre belge, M. de Haussy, envoya un grand nombre de circulaires relatives à l'amélioration des petits logements.

Le gouvernement français fit traduire en français l'ouvrage anglais de l'architecte H. Robert, qui donnait les plans et les devis des maisons modèles construites par la *Society for improving the dwellings of the labouring* classes.

Le gouvernement anglais a chargé, il y a quelques années, une commission royale de faire une enquête sur le logement de travailleurs dans tout le Royaume-Uni, et il en a publié le compte rendu dans cinq gros volumes in-quarto dont l'ensemble forme deux milles pages environ.

Le gouvernement belge a suivi cet exemple ; il a provoqué une enquête dont le compte rendu a été très intéressant. Nous avons été très heureux de voir recommander très vivement, dans la circulaire relative à l'enquête, l'ouvrage sur les *Habitations ouvrières en tous Pays*, que nous avions fait en collaboration avec M. Emile Muller. Nous nous attendions à cette marque d'encouragement ; car, lors de la publication de notre première édition, le ministre de l'intérieur, auquel nous avions offert un exemplaire de notre travail, envoya une circulaire à tous les bourgmestres de Belgique, pour les engager à se procurer notre livre.

Tout récemment, le gouvernement belge vient de donner une nouvelle preuve de l'intérêt qu'il porte aux classes laborieuses en promulgant la loi dont M. de Ramais, conseiller honoraire de la légation de Belgique, rend compte dans les termes suivants :

« Une loi du 9 août 1889 crée, dans chaque arrondissement administratif, des comités de patronage chargés de favoriser la construction, la location et la vente d'habitations ouvrières saines, d'étudier la salubrité et l'hygiène de ces logements, d'encourager le développement de l'épargne et de l'assurance, ainsi que des institutions de crédit, de secours mutuels et de retraite.

Les comités adressent chaque année un rapport de leurs opérations au ministre de l'agriculture, de l'industrie et des travaux publics.

La caisse générale d'épargne et de retraite est autorisée à prêter une partie de ses fonds disponibles aux constructeurs ou aux acquéreurs de maisons ouvrières.

Les actes relatifs à la formation d'associations ayant pour objet l'amélioration des petits logements sont affranchis de tous droits de timbre et d'enregistrement ; de plus, les actes de vente, de prêt, etc., jouissent d'une réduction considérable sur les droits auxquels ils donnent lieu.

Les habitations occupées par des ouvriers sont exemptées, dans une large mesure, de la contribution personnelle, ainsi que des taxes provinciales et communales analogues, perçues à raison du mobilier, de la valeur locative et des portes et fenêtres.

Les provinces, les communes et les hospices sont autorisés à recevoir des dons et legs en faveur de la construction de maisons ouvrières. »

L'intervention pécuniaire des souverains et de l'Etat s'est manifestée souvent. Dès le xviie siècle, le roi Christian de Danemark, édifia des maisonnettes pour loger les invalides de la marine. Le prince Albert a construit, en 1852, des maisons modèles dans l'enceinte de l'exposition universelle, qui eut lieu à Londres. Napoléon III fit bâtir quarante et une maisons, avenue Daumesnil, et les donna à une société d'ouvriers. Le roi Léopold, de Belgique, prit de nombreuses actions de la société immobilière de Liège et de celle de Bruxelles.

Le roi d'Espagne, Alphonse XII, fit construire, avec ses deniers, cinq petites maisons qu'il donna à la *Constructora Bénéfica*, société de bienfaisance qui a pour but d'améliorer le logement des ouvriers.

L'Etat anglais est intervenu pécuniairement en prêtant de l'argent, au taux très réduit de 3 %, à des sociétés philanthropiques ayant pour objet la construction de logements d'ouvriers.

L'Etat français consacra dix millions à l'amélioration des habitations ouvrières. Il construisit, moyennant deux millions, dix-sept maisons, boulevard Diderot, et distribua à titre de subvention, à des constructeurs, deux autres millions de francs, représentant le tiers de la valeur des bâtiments édifiés.

Seize maisons du boulevard Diderot sont aujourd'hui louées à des locataires principaux qui sous-louent à des prix qui ne sont plus accessibles aux ouvriers.

Les maisons subventionnées sont analogues à celles qui ont été construites par des spéculateurs ordinaires. Les formalités imposées par l'Etat pour l'obtention des subventions, les clauses rigoureuses qui furent insérées dans les cahiers des charges éloignèrent bien des constructeurs, et deux millions seulement furent distribués de cette façon. La plus grande partie des subventions furent obtenues par des constructeurs parisiens, parmi lesquels nous citerons : MM. Puteaux, Camille, Rozière, Pereire. Nous avons donné, dans notre ouvrage, intitulé *l'Economiste pratique*, les plans de leurs maisons. Cinq cent mille francs environ furent attribués à des constructeurs en province. La subvention qui produisit les meilleurs résultats fut une somme de trois cent mille francs donnée à la *Société des Cités ouvrières de Mulhouse* ; elle se servit de cet argent pour faire de belles rues plantées d'arbres et munies d'égouts, une boulangerie et un restaurant économiques.

Le reste des dix millions, soit cinq millions environ, ne trouvant pas d'emploi, fut affecté à la construction des asiles de Vincennes et du Vésinet, qui servent de refuge à des ouvriers convalescents.

L'Etat belge a construit des maisons pour loger les garde-barrières de ses chemins de fer.

L'Etat prussien, qui emploie un grand nombre d'ouvriers mineurs dans le bassin de Sarrebrück, a mis des logements à leur disposition en employant tous les systèmes qui sont mis en pratique par les industriels. Grâce à son intervention, près de trois mille mineurs sont devenus propriétaires de la maison qu'ils habitent.

Actions des Villes. — Les villes peuvent agir comme l'Etat, législativement, moralement et pécuniairement. Dans toutes les grandes capitales, il existe de nombreux règlements plus ou moins bien observés, relatifs à la salubrité des petits logements. L'autorité municipale intervient activement surtout en cas d'épidémie, car elle doit protéger les particuliers, incapables d'empêcher les miasmes produits chez leurs voisins, de venir infester leurs maisons. A Paris et à Londres, les règlements concernant les garnis sont bien observés, et le nombre des garnis qui se trouvent dans de mauvaises conditions diminue constamment. Cependant, les règlements concernant la salubrité des maisons à loyers pourraient être plus complets. Il est vrai que l'on ne peut plus construire une maison sans faire approuver les plans, mais le service de la ville ne surveille pas l'exécution des travaux ni l'emploi des matériaux. Dans les règlements municipaux de la ville de Paris, on ne trouve pas, comme dans ceux de plusieurs cités du canton de Vaud, en Suisse, l'interdiction de construire dans un certain rayon une maison sur une voie non pourvue d'égout. Nous n'y avons pas trouvé de clause qui empêche d'habiter une maison nouvellement construite, après un laps de temps suffisant pour éviter toute chance de maladie. Nous n'avons pas encore entendu des socialistes vouloir, comme M. Miquel, bourgmestre de Francfort, rendre le propriétaire responsable des maladies contractées dans son immeuble.

Au point de vue pécuniaire, les villes peuvent faire beaucoup. Ainsi, Lille a garanti un intérêt de 5 0/0 aux actionnaires d'une société d'habitations ouvrières ; elle n'a jamais eu besoin de remplir son engagement. La ville de Liège a pris des obligations de la *Société Immobilière* de cette ville, de plus, elle lui a prêté de l'argent au taux de 4 0/0 ; la ville de Milan a vendu, à prix très réduit, du terrain pour y construire des habitations ouvrières, et elle a mis à la disposition des constructeurs du terrain à un prix insignifiant. La ville de Paris a voulu suivre cet exemple, mais elle imposa des conditions telles que le mètre carré couvert de construction serait revenu à 700 fr., tandis qu'il revient ordinairement à 500 fr. ; le mètre de terrain valant 50 fr., les constructeurs auraient perdu 150 fr. Malgré une brochure que je fis paraître à cette époque, pour signaler le peu d'empressement qu'on mettrait à profiter des offres de la ville, tant qu'on ne modifierait pas le cahier des charges, on tenta deux fois la mise aux enchères de la location du terrain en question. Ainsi que je l'avais prédit, aucun amateur ne se présenta.

La ville du Havre a imité la ville de Mulhouse qui éclaire à ses frais les rues de la cité ouvrière et fournit l'eau gratuitement à ses habitants au moyen de bornes-fontaines. Plusieurs autres cités consentent des réductions sur les charges qui grèvent les petites propriétés. Ainsi, la ville de Paris n'exige pas le paiement de l'impôt mobilier des locataires habitant un logement d'une valeur au-dessous de 500 francs. Tous les ans, elle met à la disposition des commissaires de police une somme de 50,000 francs pour leur permettre de venir en aide aux locataires de petits logements expulsés de leur domicile. Nous ferons remarquer, à cet effet, que plusieurs locataires qui, après avoir reçu congé, seraient partis volontairement, ne le font plus que contraints en vertu d'une expulsion judiciaire, attendu que le commissaire de police ne donne pas une indemnité de 25 francs aux locataires qui quittent amiablement. Il en résulte que le propriétaire perd, non seulement ses loyers, mais qu'il est encore obligé de dépenser près de soixante-dix francs pour obtenir un jugement et le mettre à exécution.

Chaque année, des sommes importantes sont consacrées à la statistique des petits logements. Les tableaux statistiques les plus complets, concernant l'habitation, sont ceux dressés par les bureaux des villes de Buda-Pest et de Berlin.

Action du Clergé, des Médecins, des Magistrats et des Instituteurs, etc. — En Angleterre, le clergé a fait beaucoup pour remédier à la situation défectueuse des petits logements. Les princes du clergé font partie de toutes les sociétés philanthropiques qui ont pour objet d'améliorer les habitations ouvrières. Les pasteurs saisissent dans leurs sermons toutes les occasions favorables, pour attirer l'attention des habitants sur les dangers d'une maison malsaine et mal tenue. Les ministres du culte, étant chargés de la distribution des aumônes, les emploient souvent pour améliorer les petits logements, et on en cite même plusieurs qui ont démoli à leurs frais des maisons insalubres et les ont remplacées par des constructions modèles contenant le même nombre de pièces que les précédentes.

Les *magistrats* ont établi souvent des relevés indiquant que les personnes logées dans de mauvaises conditions fournissaient le plus de criminels ; ils ont fait remarquer que la criminalité diminuait là où l'on s'occupait le plus de la réforme du logement.

Les *médecins* sont appelés aussi, pas leurs fonctions, à jouer un grand rôle dans cette question. Ils ont, les premiers, attiré l'attention sur la nécessité de détruire les sources de maladies produites par l'encombrement, et ils ont démontré l'intérêt que les classes aisées avaient à s'occuper de l'amélioration des quartiers ouvriers, d'où partent les épidémies qui sont si difficiles à arrêter une fois bien déclarées. Les médecins agissent également sur les ouvriers, en refusant de les soigner tant qu'ils habitent des taudis, dont l'influence pernicieuse sur la santé neutralise les remèdes les plus énergiques. Les médecins de Copenhague, pour joindre la pratique à la théorie, ont constitué une société qui a pour objet de détruire les logements insalubres et de les remplacer par autant d'habitations saines et commodes. Jusqu'à présent, la société des médecins a pourvu au logement de deux mille ménages.

Les *instituteurs* peuvent également provoquer un mouvement en faveur de l'amélioration de ces logements, car ils peuvent signaler les dangers résultant de l'inobservation des règles de l'hygiène. Les instituteurs anglais ont fréquemment entretenu leurs élèves de la question des habitations ouvrières, soit en leur faisant rédiger des devoirs de style sur cette matière, soit dans les exercices de dessin, soit en leur faisant visiter des maisons modèles.

Les moralistes ont fréquemment parlé dans leurs œuvres des habitations ouvrières ; parmi les plus connus en France, nous citerons : Villermé, si célèbre par ses travaux de statistique ; Louis Blanc, qui appela l'attention du public sur les caves de Lille, et, de nos jours, M. Jules Simon, dont tout le monde connaît les ouvrages si intéressants ; M. G Picot, qui poursuit avec une si grande énergie sa croisade relative à la réforme des petits logements.

Les savants qui ont appliqué leurs études à l'amélioration du logement sont également très nombreux, nous ne pouvons les mentionner tous ; mais il est impossible de passer sous silence les noms de M. Donglas-Galton, l'éminent hygiéniste anglais ; M. Durand-Claye, qui a créé le système du tout à l'égout, et enfin, M. Cheysson, dont on retrouve toujours le nom quand il y a une œuvre de dévouement à accomplir. Enfin, les architectes Henry Robert, Emile Muller, Hauzeur, de Liège ; V. Durlet, d'Anvers ; Jules Cacheux, César Parodi, de Gênes ; Romstorffer, etc., ont créé de nombreux types d'habitations à bon marché.

Il nous faudrait un volume pour énumérer les noms des divers auteurs qui se sont occupés des petits logements. A l'occasion du Congrès des habitations à bon marché, nous avons relevé, MM. Raffalovich, A. Roulliet, Emile Muller et moi, les titres de près de huit cents ouvrages, articles de revues, brochures, qui traitent de l'étude du logement des classes laborieuses.

Les sociétés savantes se sont également occupées du logement des ouvriers.

L'Académie des sciences morales et politiques a mis au concours la question de l'influence du logement sur la moralisation des classes laborieuses.

La Société d'Economie sociale a fait une enquête sur l'état des petits logements en France et à l'étranger.

La Société des Ingénieurs civils m'a chargé d'étudier les types d'habitations ouvrières exposés en 1878 et en 1889.

La Société d'Encouragement pour l'industrie nationale a confié à MM. Lavollée et Rossigneux le soin de faire des rapports sur les documents relatifs aux habitations ouvrières qui ont été envoyés. L'Association Française pour l'avancement des sciences s'est occupée aussi, dans presque tous ses congrès, du logement des classes laborieuses ; enfin, dans les Expositions, les documents relatifs aux petits logements ont été très nombreux et leur importance a été telle, en 1889, que six salles de la section d'Economie sociale leur ont été réservées.

Ainsi qu'on le voit, la question des habitations ouvrières a été traitée théoriquement d'une façon aussi complète que possible. Il nous reste à décrire ce qui a été fait au point de vue pratique par les diverses institutions et les personnes qui se préoccupent sérieusement de l'amélioration du sort du plus grand nombre. Nous commencerons par l'action de l'Assistance publique et privée. L'Assistance publique a un grand intérêt à voir diminuer le nombre des logements défectueux ; car, ainsi que nous l'avons fait remarquer, aussitôt que le nombre des maisons modèles augmente dans un quartier, le taux de la mortalité et celui de la morbidité diminuent.

Action des Bureaux de bienfaisance. — Les bureaux de bienfaisance en France se contentent de venir en aide aux locataires nécessiteux, mais ils n'interviennent pas directement comme l'ont fait, en Belgique, les bureaux de bienfaisance de Nivelles, d'Anvers, de Mons, de Wawre, etc. Le bureau de bienfaisance de Nivelles a construit, il y a près de trente ans, une vingtaine de maisons pour une famille ; il les a vendues à des ouvriers suivant un système particulier, appelé le système de Nivelles, pour l'opposer à celui de Mulhouse. Ce système nouveau consiste à placer à la Caisse d'épargne une partie du loyer, et à la capitaliser au compte du locataire. Aussitôt que les économies de ce dernier ont acquis une valeur suffisante, on vend la maison par contrat notarié. Dans ce système, on ne demande donc pas, comme à Mulhouse, le paiement comptant d'une certaine somme qui dépasse ordinairement les ressources de l'ouvrier.

Le bureau de bienfaisance d'Anvers a construit près de cinq cents maisons ; il les a disposées par groupes de façon à donner à l'ensemble un certain caractère architectural, mais il n'a pas voulu les vendre, il se contente de les louer.

Les autres bureaux, que nous avons mentionnés, ont suivi l'une ou l'autre de ces méthodes, et ils ont obtenu d'excellents résultats. Il faut faire remarquer qu'en Belgique la construction de petites maisons a, pendant longtemps, constitué une spéculation avantageuse. Mais comme partout, le rendement des maisons diminue au fur et à mesure qu'on a construit, parce que l'encombrement a ainsi diminué.

Ainsi, la Société des Habitations ouvrières de Liège a distribué, pendant une quinzaine d'années consécutives, un dividende de cinq pour cent ; aujourd'hui, elle n'est plus en état de maintenir ce chiffre.

Nous croyons qu'un bureau de bienfaisance pourrait, en cas de pénurie de petits logements, consacrer une certaine somme à la construction d'un certain nombre d'habitations à bon marché, qu'il vendrait de façon à rentrer le plus tôt possible dans ses déboursés, à moins que ces constructions édifiées légèrement soient destinées à être démolies dès que leur emplacement appartenant à l'administration aura acquis une plus-value. C'est grâce à la location de terrain par baux emphytéotiques, c'est-à-dire par baux assurant au bailleur, à fin de bail, la propriété des constructions élevées sur son terrain, que le bureau de bienfaisance de Lyon est aujourd'hui le plus riche de France.

Nous croyons que les bureaux de bienfaisance rendraient plus de services en prenant des obligations foncières de sociétés que de construire des logements pour travailleurs.

Les sociétés anglaises de bienfaisance contribuent puissamment au succès des *Building Societies* en souscrivant une grande quantité de leurs actions hypothécaires.

Nous avons en France des sociétés qui assurent au petit capitaliste un placement de tout repos. Ainsi, la *Société des Habitations ouvrières de Passy-Auteuil*, qui est propriétaire de maisons et de créances valant près de 500,000 francs, a mis à la disposition du public 400 obligations de 500 fr., rapportant 4 0/0 l'an, et remboursables par voie de tirages au sort au fur et à mesure des rentrées. Les bureaux de bienfaisance agissent le plus souvent en payant le loyer du locataire gêné : ce moyen de venir au secours du malheureux doit être appliqué avec grande circonspection, car il engendre souvent des abus.

Action des Caisses d'Épargne. — A l'étranger, les Caisses d'épargne contribuent beaucoup à la construction de logements d'ouvriers. La Caisse de Gothembourg construit des maisons qu'elle loue, de façon à retirer 4 0/0 du capital ; en France, la Caisse d'épargne de Strasbourg a commencé, avant la guerre de 1870, à employer une partie de ses réserves à établir des logements d'ouvriers ; il en a été de même à Lyon, où MM. Gillet, Aynard et Mangini ont obtenu d'abord de la Caisse d'épargne le prêt d'une somme d'argent, au taux de 4 0/0 l'an, pour continuer leurs opérations immobilières, puis la Souscription de la moitié des actions qu'ils émirent lorsqu'ils fondèrent la Société des Petits Logements de cette ville.

La Caisse d'épargne de Marseille, grâce à M. Rostand, a construit des maisons d'ouvriers qu'elle vend par annuités ; elle a mis à la disposition des constructeurs d'habitations ouvrières une vingtaine de mille francs prêtés sur hypothèques, avec facilité de se libérer.

La Caisse d'épargne a également pris des actions de la *Société des Habitations ouvrières de Marseille*, présidée par M. Rostand.

Action des Sociétés de Secours mutuels. — Plusieurs sociétés de secours mutuels ont consacré une partie de leurs fonds de réserve à l'acquisition d'obligations garanties par des créances hypothécaires. Ces placements doivent être faits avec une grande circonspection, car notre régime économique n'est pas encore assez bien établi pour que l'on puisse considérer comme valeur de tout repos, un placement qui dépend d'une industrie locale.

Nous avons malheureusement vu vendre au quart de leur prix de revient plusieurs usines avec leurs dépendances comprenant des maisons ouvrières.

Action des Compagnies de Chemins de fer. — Les Compagnies de chemins de fer sont moralement intéressées à provoquer la construction de petits logements, car elles contribuent à favoriser l'encombrement en faisant pénétrer leurs lignes dans l'intérieur des villes, où elles attirent beaucoup de petits employés. Elles peuvent arriver à diminuer les pernicieux effets de cet encombrement, soit en établissant des trains, qui permettent aux travailleurs de se transporter à peu de frais aux environs des villes, soit en aidant à édifier des petits logements.

En Angleterre, un *act* spécial force les Compagnies à se préoccuper du transport des ouvriers à prix réduits. Pendant longtemps, elles reculèrent devant la difficulté de remiser le matériel nécessaire aux travailleurs; mais, grâce à l'esprit pratique des Anglais et à la concurrence des Compagnies, le problème a été résolu, et des milliers d'ouvriers et petits employés quittent journellement la ville de Londres et se rendent facilement dans leurs *cottages*, qui sont situés quelquefois jusqu'à trente kilomètres de la Cité.

En France, des Compagnies ont organisé quelques trains spéciaux : ainsi, le train dit *des Ministres* a contribué à la création des communes qui sont situées le long de la ligne de Vincennes; mais les facilités accordées aux Parisiens logés dans des communes suburbaines sont loin d'égaler ceux dont jouissent les habitants des environs de Londres. Disons, cependant, que M. Noblemaire, directeur de la Compagnie de Paris-Lyon-Méditerranée, vient de créer, à raison de 1 fr. 50 par quinzaine, des abonnements spéciaux qui permettent aux ouvriers d'habiter jusqu'à 15 kilomètres de Paris.

Beaucoup de Compagnies de chemins de fer se préoccupent des petits logements : les unes, comme la compagnie I.-R.-P. des chemins de fer de l'Autriche, la Compagnie française de l'Est, la Compagnie du Nord, etc., construisent elles-mêmes de petites maisons ; d'autres en facilitent l'établissement. La Compagnie de l'Ouest a créé un hôtel où les mécaniciens qui font de trop longs trajets peuvent prendre des repas, des bains et reposer la nuit dans un lit.

Parmi l'exemple le plus récent de l'intervention d'une compagnie, citons celui de la Compagnie d'Orléans. Elle prête de l'argent au taux de 3 0/0 à une société qui a été créée pour construire des maisons à petits logements, à Paris, dans les environs de la gare de cette ligne. La Société a choisi comme architecte, M. Chabrol, auteur des plans des maisons appartenant à l'association philanthropique. Comme cette dernière retire 4 0/0 net de l'argent consacré à la construction de ses immeubles, il est évident que la société, qui obtient tout l'argent qu'elle désire à 3 0/0 l'an, arrivera aisément à louer ses logements de façon à pouvoir satisfaire ses engagements.

Actions des Industriels. — Les industriels sont les personnes les plus intéressées à l'amélioration de la situation matérielle de leurs ouvriers. Lorsqu'un ouvrier est en bonne santé, il peut travailler sérieusement et, par suite, produire mieux et plus qu'étant malade. Depuis longtemps, les chefs d'usines ont compris cette vérité.

Dès 1750, la Compagnie des *Cristalleries de Baccarat* fit construire des logements convenables pour une partie de son personnel ; en 1819, M. de Gorge, directeur du Grand-Hornu, installa ses ouvriers dans de petites maisonnettes pourvues d'un jardin, où l'on pouvait cultiver aux moments perdus les légumes nécessaires aux besoins du ménage.

Les avantages qui résultèrent du confort trouvé dans ces habitations furent tellement importants que la plupart des industriels voulurent suivre l'exemple donné par la Compagnie des charbonnages. Malheureusement, la construction de maisons ouvrières immobilise un certain capital ; c'est pourquoi les industriels cherchèrent à persuader à l'ouvrier de devenir propriétaire de son habitation. A cet effet, ils mirent à sa disposition du terrain, soit à titre gratuit, soit moyennant un prix plus ou moins réduit ; ils lui procurèrent des matériaux de construction ; ils lui prêtèrent de l'argent avec facilité de se libérer ; ils lui donnèrent des primes, et quand un certain nombre de maisons étaient construites, ils se chargeaient d'établir des églises, des écoles, d'amener de l'eau potable, de faire la viabilité des rues, etc.

Ce fut en 1835 que fut employée, pour la première fois, l'idée féconde de rendre l'ouvrier propriétaire par le paiement de son loyer pendant un certain temps. M. Malcomson, industriel anglais, avait remarqué que des ouvriers ne jouissaient pas de leurs maisons en bons pères de famille, et qu'il fallait employer une bonne partie du loyer à des réparations que l'on pouvait exécuter soi-même, à peu de frais. Il annonça à ses ouvriers que tous ceux qui lui paieraient exactement leur loyer pendant un certain nombre d'années deviendraient propriétaires de leur habitation. Cette idée fut appliquée à Mulhouse en 1852. Grâce à M. Emile Muller, qui parvint à construire, pour 2,400 francs, une maison contenant trois pièces et une cuisine ; à M. Jean Dollfus, qui livra du terrain à raison de un franc le mètre, et aux actionnaires de la *Société des Cités ouvrières* de Mulhouse, qui consentirent à ne recevoir qu'un dividende de 4 0/0 pour la rémunération de leurs capitaux, on put vendre des maisons aux ouvriers moyennant le paiement comptant d'une somme de 400 francs et d'une annuité de 250 fr. pendant 14 ans. Or, à Mulhouse, une chambre se louait à raison de 100 fr. par an. Il fallut un certain temps aux ouvriers pour se rendre compte des intentions de leurs patrons ; néanmoins, après quelques conférences et la publication d'un almanach contenant des explications sur les avantages des intérêts composés, beaucoup comprirent qu'ils faisaient une bonne affaire en acquérant une des maisons des *Cités ouvrières*. C'est alors que toutes celles qui furent construites trouvèrent des preneurs dès leur mise en vente. A partir de ce moment, l'impulsion était donnée en France, et un grand nombre d'industriels employèrent ce système qui, lui aussi, présenta certains inconvénients que l'on ne tarda pas à reconnaître.

Ces inconvénients intéressent à la fois l'ouvrier et le patron. En effet, l'ouvrier, en faisant l'acquisition d'une maison, endosse toutes les charges de la petite propriété; il est fixé pour ainsi dire au sol, et le sort de ses économies dépend souvent de la fortune de son patron. S'il vient à mourir, soit avant d'être libéré, soit après, tout son avoir peut être perdu pour ses héritiers.

De son côté, le patron, en vendant, peut introduire dans une cité des éléments de démoralisation; il fait des sacrifices pour loger des employés qui, au bout de fort peu de temps, peuvent ne plus faire partie de son personnel, et cependant, il est moralement obligé de les caser, puisqu'il les a attirés dans un endroit isolé.

Les industriels ont cherché à diminuer les charges de la petite propriété dont l'une des plus importantes est le paiement des droits relatifs à l'acquisition : il majore le prix d'une propriété d'une somme de 10 0/0 de sa valeur, ce qui est souvent une cause de perte en cas de revente.

Pour remédier à cet inconvénient, MM. Japy frères, de Beaucourt, vendent simplement le terrain à leurs ouvriers, et s'engagent à construire une maison sur ce terrain. L'acquéreur ne paie des droits que sur la valeur du terrain, ce qui représente une trentaine de francs; il n'a pas de droits à payer pour garantir le paiement du prix de la construction, attendu que la maison Japy jouit du privilège de constructeur que prime celui de l'hypothèque.

Des industriels ont prêté sur hypothèque à leurs ouvriers la somme nécessaire pour construire; dans ce cas, les frais se sont élevés à 12 0/0 de la valeur du terrain et à une fraction de 3 à 4 0/0 de la somme prêtée.

Le paiement comptant des frais de mutation n'a jamais constitué un inconvénient sérieux, car un bon ouvrier trouve facilement crédit chez son patron, et le vendeur conserve la faculté de louer avec promesse de vente jusqu'à ce que le preneur ait à son actif une somme suffisante pour garantir l'exécution du contrat.

Les charges proprement dites de la petite propriété sont très considérables à Paris. Je paie jusqu'à *120 francs* pour une maison louée 300 francs par an. Cette somme se décompose comme suit :

Impôt foncier, portes et fenêtres, 40 fr. ; fourniture d'eau, 30 fr. ; vidanges, 30 fr. ; divers, 20 fr.

Dans les campagnes, la vidange et l'écoulement des eaux ménagères constituent une dépense insignifiante. L'eau est fournie par la commune ou par les industriels, la dépense la plus importante provient des impôts qui varient de 30 à 40 fr. Les réparations peuvent être exécutées par l'ouvrier dans ses moments perdus. Nous avons souvent trouvé des petits propriétaires qui donnaient une grande plus-value à leurs habitations.

Nous ne comprenons pas trop l'objection qui consiste à dire que l'ouvrier propriétaire est rivé au sol.

L'ouvrier a la faculté de revendre sa maison, et il a bien plus de chances de le faire dans de bonnes conditions que n'en a l'industriel de se débarrasser de son usine.

Il est bien évident que l'ouvrier aurait tort d'employer ses économies à faire l'acquisition d'une maison située dans un endroit isolé, dont toutes les ressources sont dues à une seule manufacture.

Quand l'ouvrier ne trouve à se loger que dans des conditions très onéreuses, il aurait tort de ne pas acheter une maison qu'on lui vend moyennant une annuité qui ne dépasse pas le prix du loyer. L'expérience prouve que dans la majeure partie des cas, l'ouvrier fait ainsi une bonne affaire. Les premières maisons de Mulhouse, vendues 2,500 fr., ont été revendues jusqu'à 6,000 fr.

On voit donc que dans bien des cas l'objection, qui consiste à dire que les héritiers d'un ouvrier ne toucheraient rien à la suite d'une licitation, n'est pas toujours sérieuse.

Dans presque tous les contrats de vente, les industriels insèrent une clause en vertu de laquelle ils ont le droit de racheter la maison qu'ils consentent à céder à leurs ouvriers.

On a essayé d'assurer sur la vie l'ouvrier qui fait par annuité l'acquisition d'une maison, mais les primes sont trop élevées en France pour que l'on puisse les ajouter à la somme payée annuellement pour la libération.

M. Cheysson évalue à quatre-vingt-cinq francs par an la prime que devrait payer l'acquéreur par annuité d'une maison

6

de six mille francs pour que les obligations de ses héritiers à l'égard des vendeurs soient garanties.

En Belgique, une Société anonyme d'assurances sur la vie s'oblige, lors du décès de l'acquéreur qui verse la prime annuelle de 11 fr. 60, à payer une somme de cinq cents francs au vendeur par annuité. Dans le cas où l'assuré décédé ne devrait plus qu'une partie de cette somme à son vendeur, le surplus reviendrait à ses héritiers.

En résumé, dans le plus grand nombre de cas, l'ouvrier aura intérêt à profiter des sacrifices faits par le patron pour lui faciliter l'accès de la propriété ; mais nous ferons remarquer qu'aujourd'hui les industriels sont très peu disposés à rendre les ouvriers propriétaires de maisons situées près de leurs usines ou faisant partie d'un groupe qu'ils ont construit. Malgré les clauses que l'on insère dans les cahiers des charges, on ne parvient pas à empêcher les ouvriers devenus propriétaires de louer leurs immeubles à des personnes de moralité douteuse. Lorsqu'on n'est garanti contre la haine d'un employé qu'on renvoie que par les clauses d'un cahier des charges, on est exposé à mille ennuis dont on ne se rend compte qu'après avoir eu un procès avec un ouvrier. Pour cette raison, bien des industriels préfèrent rester maîtres de leurs immeubles et les louer de façon à pouvoir expulser les locataires qui seraient une cause de discorde ou de démoralisation.

En Angleterre, les industriels ont souvent recours aux *Building societies* pour construire les maisons nécessaires au logement du personnel. C'est ainsi que la ville d'Akroydon a été fondée. En France, le Crédit Foncier ne prête que des sommes insignifiantes sur les petits immeubles ; il serait désirable de voir se fonder une Société analogue pouvant permettre aux industriels de bâtir des habitations ouvrières sans trop distraire du fonds de roulement.

Lorsque les maisons sont bien indépendantes, on peut employer le système suivi par M. Dolge, c'est-à-dire vendre les maisons à prix de revient et les louer en faisant un sacrifice. Ainsi M. Dolge vend à raison de 7,500 francs des maisons qu'il loue 150 francs.

Un grand nombre de manufacturiers faisant des sacrifices pour loger les ouvriers, il est difficile aux spéculateurs de s'occuper de la construction de petits logements à moins qu'ils ne soient subventionnés par ces patrons, au moyen d'une somme d'argent par logement établi ou la garantie que l'immeuble sera occupé à prix convenu pendant une durée déterminée.

Lorsque l'industriel dispose d'un certain nombre de maisons, il les utilise pour récompenser le zèle de ses anciens ouvriers. Quelquefois, comme M. Decauville ou M. Thiriez, il diminue le loyer de son ouvrier à la naissance de chaque enfant ; dans d'autre cas, il réduit le loyer de son employé suivant le temps qu'il a passé dans ses ateliers ; quelquefois il loge gratuitement les ouvriers qu'il veut attacher à son œuvre.

Un des meilleurs moyens de fixer l'ouvrier consiste à mettre à sa disposition un jardin ou un champ, de façon à ce que son existence soit assurée, même dans le cas où l'usine qui leur fournit du travail viendrait à disparaître. L'ouvrier s'attache en général à son jardin ; quelquefois on stimule son amour pour l'horticulture en décernant des prix aux propriétaires des jardins les mieux tenus. Cet encouragement n'est pas accepté par les habitants de toutes les cités. Ainsi M. Raflalovich voulut organiser un concours de tenue de jardins, villa Boileau ; mais, malgré l'importance du prix qu'il mit à la disposition de la Société, aucun habitant du groupe ne voulut y prendre part.

Action des Particuliers. — Les particuliers se sont occupés des habitations ouvrières au point de vue théorique et au point de vue pratique. Nous avons déjà dit qu'en 1889 il existait près de huit cents publications concernant les petits logements ; depuis, ce nombre a augmenté considérablement.

Beaucoup de personnes se sont occupées d'améliorer les habitations ouvrières, soit dans un but de bienfaisance ou de philanthropie, soit pour placer leurs capitaux.

Nous citerons parmi les personnes dont les efforts ont le mieux réussi, Miss Octavia Hill à Londres, et Miss Collin en Amérique, qui, après avoir loué des maisons en principale location, ont remis les logements en état, les ont ensuite sous-loués à des familles choisies. Grâce à leur surveillance, aux conseils qu'elles don-

nent aux locataires, elles arrivent à retirer un intérêt rémunérateur des capitaux engagés dans l'acquisition de ces maisons.

Nombre de dames, à Paris, visitent les petits logements : ces
visites ne sont pas quelquefois sans danger. Il ne serait pas pru-
dent pour une dame d'aller seule dans certaines maisons où un
homme même risquerait de perdre la vie. Ainsi, quand nous
visitâmes les maisons ouvrières de Londres, le policeman qui
nous accompagnait refusa de s'engager dans une ruelle en
nous disant qu'il faudrait être à plusieurs pour s'y risquer. Il
est arrivé que des personnes charitables, entraînées dans une
maison par des lettres demandant du secours ou par un autre
moyen, ont été entourées, pressées et dépouillées de tout ce
qu'elles avaient sans qu'elles aient pu désigner d'une façon pré-
cise les auteurs du vol. Nous n'avons eu connaissance, à Paris,
que d'un seul fait dans lequel une dame visiteuse ait couru un
danger sérieux. Grâce à ses cris, on arriva à temps pour la dé-
gager des mains d'un ignoble individu que la police recherchait
depuis quelque temps.

Les dames peuvent agir avec efficacité, lorsqu'elles s'occupent
de l'intérieur des ménages d'ouvriers. Les dispositions sanitaires
qui sont aujourd'hui exigées par la loi aux Etats-Unis sont dues
à une Société de dames, fondée à New-York, il y a une quinzaine
d'années, sur le modèle de *The Lady Sanitary Institute*, de
Londres. Dans la plupart des villes américaines, il existe des
Sociétés de dames qui rendent de grands services aux classes
laborieuses.

Parmi les personnes ayant construit des maisons dans un but
de bienfaisance, nous citerons M. le duc de Galliera, qui a
dépensé deux millions pour cette œuvre, à Gênes ; ces maisons
sont habitées par des personnes momentanément incapables de
payer leur loyer. Nous ne conseillons pas beaucoup ce mode
de procéder, car il peut donner lieu à des abus. Nous préfé-
rons voir placer dans une caisse spéciale, comme le fait la
Société des *Habitations ouvrières* de Christiania, un tant pour
cent de la valeur des loyers perçus pour les affecter au compte
d'un locataire méritant qui, pour une cause ou pour une autre, ne
remplit pas ses engagements. L'exemple de M. de Galliera n'a

pas été suivi ; mais il n'en est pas de même de celui de M. Peabody, qui mit une somme de quatre millions à la disposition d'un comité, auquel il donna la mission de créer une œuvre susceptible de rendre des services aux travailleurs. Le Comité, après plusieurs réunions, décida la construction de maisons à petits logements qui devaient être loués de façon à faire rapporter 4 0/0 au capital engagé; il fut aussi décidé d'employer le produit net des rentrées à des constructions analogues. Les résultats furent tellement avantageux que M. Peabody fit de nouvelles donations à l'institution dont il avait provoqué la création, et, à sa mort, il lui légua une somme importante. L'ensemble des dons faits par M. Peabody s'élève à douze millions et demi; le produit net des rentrées et celui d'un emprunt ont permis aux administrateurs de l'œuvre de construire des maisons habitées par 30,000 personnes.

M. de Madre a cherché à démontrer que l'on pouvait faire un bon placement en construisant des maisons à petits logements. Il a fait l'acquisition d'un vaste terrain, sur une partie duquel il établit plusieurs maisons ; il emprunta au Crédit Foncier pour augmenter le nombre de ses immeubles, et il loua le reste de sa propriété par baux emphytéotiques. Grâce à l'augmentation de la valeur de la propriété, l'opération de M. de Madre fut fructueuse, et, aujourd'hui, il lui serait facile d'augmenter de 25 0/0 le prix de ses loyers. Ce succès a été également dû au choix judicieux de ses locataires et à la bonne tenue des maisons.

M. Chaudet construisit un grand nombre de maisons ouvrières dont il loua la plupart en principale location. En général, elles étaient cédées sur le pied de 8 0/0 du prix de revient ; par suite, elles se trouvaient payées au bout de vingt ans.

J'ai essayé de démontrer que l'on pouvait, à Paris, vendre une maison moyennant le paiement d'une annuité dont la valeur est à peine supérieure à celle du loyer d'un logement de surface équivalente.

M. Fouquiau est allé plus loin ; il vend des maisons moyennant un prix inférieur à la valeur locative. Ainsi, une maison de 6,000 fr. comprenant trois pièces et cuisine, pouvant être louée

500 fr. par an, est vendue à raison d'un paiement comptant de 300 francs ;

D'une annuité, payée pendant 50 ans, de......... 160 fr.
D'un paiement annuel pendant 15 ans, de 170

Soit un paiement annuel total de................ 330 fr.

Ainsi, au bout de 15 ans, on ne doit plus qu'un loyer de 160 fr. représentant l'intérêt et l'amortissement d'une somme de 3,000 fr. On peut se libérer plus tôt, mais on n'a pas grand intérêt à le faire, attendu que l'argent prêté par l'établissement de crédit, qui a fait l'opération pour vendre les terrains, ne demande qu'un intérêt de 4 0/0 l'an. Dans le cas où les fonds seraient fournis par un établissement de crédit qui exigerait un intérêt de 6 fr. 50 0/0 des capitaux prêtés, le constructeur de maisons serait en perte, mais cette perte serait amplement compensée par la plus-value des terrains. Ainsi, les terrains vendus à M. Fouquiau, en bloc, à raison de 8 fr. le mètre, sont revendus par lui moyennant des prix qui varient entre 35 et 50 francs.

M. Defuisseaux, de Bruxelles, a imaginé une combinaison qui peut rendre service dans quelques cas. Il a fait l'acquisition d'une maison qui rapportait 10 0/0 brut. Il promit à ses locataires de leur distribuer, au prorata de leur loyer, tout le produit net qui dépasserait la valeur de l'intérêt à 5 0/0 du capital engagé dans l'acquisition et il tint parole.

A la suite de la guerre de 1870, nous avons vu vendre des maisons rapportant 20 0/0 du prix d'adjudication, mais nous avouons que depuis cette époque nous aurions pu difficilement mettre en pratique le moyen imaginé par M. Defuisseaux pour faire habiter une maison en bon père de famille.

A Berlin, une Société a essayé de rendre les locataires d'une maison à étages propriétaires chacun de son logement, moyennant le paiement d'un loyer fixé à 6 0/0 net du capital engagé. 4 0/0 devaient être affecté à l'intérêt du capital et 2 0/0 à l'amortissement. La maison n'ayant jamais rapporté un intérêt de 6 0/0 net de son prix de revient, la combinaison a échoué.

Action de l'Association. — Les Sociétés qui ont pour objet l'amélioration des petits logements sont très nombreuses **et très** diverses.

On peut les classer en trois groupes : dans le premier, nous placerons les Sociétés de bienfaisance ; dans le deuxième, les Sociétés philanthropiques et enfin les Sociétés de spéculation.

Sociétés de Bienfaisance. — Les Sociétés de bienfaisance se proposent d'atteindre différents buts. Les unes ont pour objet de venir en aide au locataire pour l'aider à payer son loyer ; les autres provoquent la construction de logements convenables et cherchent à les mettre à la disposition des travailleurs soit gratuitement soit à prix réduits.

Les Sociétés qui facilitent aux travailleurs le paiement du loyer sont, en général, des sections des bureaux de bienfaisance. A Paris, il existe un grand nombre de Comités de dames qui visitent les petits logements et donnent des secours aux malheureux.

En France, des Sociétés de bienfaisance ont aussi pour objet de recueillir par fractions le loyer des petits locataires. Le jour du terme, elles soldent le propriétaire au lieu et place de leurs protégés, et, pour engager ces derniers à effectuer régulièrement leurs versements, elles leur allouent un intérêt très élevé pour leurs épargnes ou elles leur distribuent des primes.

Les membres de ces Sociétés agissent sur les propriétaires pour les engager à faire assainir les petits logements et à veiller à ce qu'ils soient toujours tenus en bon état.

La première Société de ce genre créée en France est l'*Œuvre des Loyers* de Strasbourg. A la suite de l'annexion de l'Alsace, M. Zopff, un des administrateurs de l'Œuvre, contribua à l'établissement d'une Société de ce genre dans le XVII° arrondissement de Paris, puis à celle d'une institution analogue qui fonctionne dans le XVI° arrondissement.

En Allemagne, il existe beaucoup de Sociétés qui s'occupent du paiement du loyer des petits locataires, car l'assistance aux indigents étant obligatoire, il est très important d'empêcher un individu d'être expulsé de son logement sans aucune ressource, et d'empêcher la vente du mobilier et des outils d'un malheureux, de façon à ce qu'il ne tombe pas entièrement à la charge de la charité officielle.

En Angleterre et en Amérique, les Sociétés qui ont pour but

de recueillir par fractions l'argent des termes sont inutiles, car les propriétaires se font payer leur loyer par semaine ou par quinzaine. La création, à Paris, de Sociétés de ce genre n'est pas indispensable, car beaucoup de propriétaires touchent les loyers par fractions, et, d'un autre côté, l'usage exige qu'ils gardent pendant un an le mobilier du locataire qu'ils font expulser. C'est pourquoi ils font rarement usage du privilège qu'ils ont sur les meubles de leurs locataires. Les frais judiciaires nécessités par la vente immédiate s'élèveraient bien au-delà de la valeur du mobilier, par suite, il est rare, à Paris, d'avoir à racheter les meubles des malheureux, comme cela se fait en Allemagne, où la commune est chargée de ce soin.

Les Sociétés de bienfaisance qui rendent le plus de services sont celles qui établissent des logements modèles, soit en améliorant des habitations en mauvais état, soit en en construisant de nouvelles, mises à prix réduits à la disposition des travailleurs. Beaucoup de Sociétés de ce genre existent en Angleterre ; la plus célèbre est *The Society for improving the dwellings of the labouring classes*. Cette Société vend encore des plans d'exécution de maisons modèles ; elle publie des brochures, organise des concours, etc.

Les Sociétés anglaises tendent toujours à devenir *self supporting*, c'est-à-dire susceptibles de vivre par leurs propres ressources ; aussi font-elles payer leurs services aux intéressés. Il existe fort peu de Sociétés qui ont pour objet de loger gratuitement les malheureux ; plusieurs d'entre elles ont été dissoutes à la suite d'abus commis par les locataires.

En France, ce n'est plus guère que dans les campagnes et dans les asiles de nuit qu'on abrite temporairement les personnes sans domicile.

Pendant longtemps, les Sociétés françaises de bienfaisance ont reculé devant l'idée de faire payer leurs locataires. Ce progrès a été réalisé dernièrement par la Société philanthropique, grâce à l'initiative de M. Picot, qui est parvenu à la décider à construire les immeubles de la rue Jeanne-d'Arc et du boulevard de Grenelle avec le produit d'un don de M. Michel Heine. Les Sociétés philanthropiques, disposant de capitaux importants, elles peuvent facilement les employer, sans avoir la préoccupation de leur faire produire des intérêts ; elles disposent aussi de bonnes volontés nombreuses ; par suite, il leur serait facile d'établir des habitations ouvrières modèles sous tous les rapports, et de les louer au même prix que celles construites par les spéculateurs, qui sont loin d'être conformes aux règles de l'hygiène et de la morale.

Nous pouvons ranger dans les Sociétés qui ont pour objet l'amélioration des habitations ouvrières, *The Lady Sanitary Institute*, qui a son siège à Londres, et qui rend de grands services en répandant dans le public les connaissances relatives à l'hygiène.

La Société des *Dames de New-York*, fondée en vue du même objet, a contribué beaucoup à populariser la question des petits logements ; elle a organisé un concours dont l'objet était la construction d'habitations ouvrières sur un terrain donné, et les prix offerts aux concurrents ayant une valeur considérable, un grand nombre de projets furent envoyés. Les dames obtiennent d'excellents résultats, surtout au point de vue moral. Grâce à elles, les habitudes d'ivrognerie disparaissent peu à peu parmi les habitants qu'elles visitent ; les mères de famille s'habituent à tenir proprement un ménage et à donner les premiers soins en cas d'accident ou de maladie ; les principes de l'hygiène relatifs à la propreté du corps sont aussi beaucoup mieux appliqués.

A New-York, fonctionne *The Charitable-Aid Association*, qui accepte également ce principe que nous préconisons depuis longtemps, à savoir qu'on n'arrivera jamais à améliorer la condition du pauvre, tant qu'on n'assainira pas son logement. Grâce à l'initiative de la Société, la législature promulgua, en 1867, une loi sur les logements insalubres. Au début, les résultats de la loi furent défavorables, les propriétaires résistèrent énergiquement et plusieurs d'entre eux, ayant fermé leurs maisons, l'encombrement augmenta. Malgré cet échec, la Société redoubla d'efforts ; elle obtint la promulgation d'une nouvelle loi, qui interdit de construire des maisons sans en faire approuver les plans et de bâtir sur plus de 78 0/0 du terrain de la propriété.

Les membres de la Société visitent les logements quand ils sont défectueux ; ils s'adressent aux propriétaires pour les faire mettre en état, et, quand ils n'obtiennent pas satisfaction, ils ont recours à l'autorité. La Société est aujourd'hui fière de ses résultats, et elle cite, parmi les plus remarquables qu'elle a obtenus, l'attachement que les locataires manifestent pour les logements améliorés ; ils refusent de les quitter quand des spéculateurs cherchent à les attirer par des loyers réduits dans des maisons moins salubres.

Nous pouvons encore comprendre dans les Sociétés de bienfaisance la *Société française des Habitations ouvrières à bon marché*, qui se propose de provoquer la construction de maisons convenables sur tout notre territoire. A cet effet, elle publie un bulletin qui renferme tous les détails concernant la question des habitations ouvrières, et elle donne des renseignements gratuits aux personnes qui s'adressent à elle. Née d'hier, la Société a déjà été reconnue d'utilité publique ; elle a manifesté son existence par la création d'un concours sur la construction d'une cité ouvrière sur un terrain de 10,000 mètres, sis près de la Halte de Saint-Denis. Trois prix, dont l'ensemble a une valeur de 3,000 francs, ont été mis à la disposition des concurrents.

La Société vient d'organiser un deuxième concours, ayant pour objet de décrire l'état de la question dans les diverses parties de la France. Les prix offerts ont une valeur de 3,000, de 1,500 et de 500 francs.

Une Société de bienfaisance doit toujours tendre à se faire reconnaître d'utilité publique ; elle y parvient quand elle ne fait pas œuvre commerciale et qu'elle se borne à exploiter ses immeubles, comme le fait un propriétaire. L'Association philanthropique de Paris est reconnue d'utilité publique : elle possède des maisons ouvrières et des asiles de nuit.

Une Société de bienfaisance se compose de membres à vie et de membres ordinaires. Les membres à vie sont bienfaiteurs, donateurs, fondateurs, suivant qu'ils ont rendu service à l'œuvre ou donné une certaine somme en sus de leur cotisation. Les membres ordinaires s'engagent à payer chaque année une cotisation. Ils peuvent racheter cette cotisation en payant une somme donnée.

La Société est administrée par un Conseil, dont les membres exercent gratuitement leurs fonctions. En France, les administrateurs ne reçoivent pas de jetons de présence.

Enfin, ajoutons qu'il est aujourd'hui très difficile de créer en France une Société de bienfaisance.

Pour ma part, j'ai échoué malgré les ressources dont je dispose. MM. de Plassman et E. Meyer, membres du bureau de bienfaisance d'Auteuil, après de nombreuses démarches et la publication de plusieurs brochures, ont réuni trente mille francs. Ne pouvant rien faire avec cette somme, ils l'ont apportée à la Société philanthropique des Habitations ouvrières de Passy-Auteuil, présidée autrefois par M. Dietz-Monnin et aujourd'hui par M. Jules Siegfried.

Nous croyons que si nos femmes savaient que la France perd chaque année, par le fait des logements en mauvais état, bien plus de monde que par suite des guerres, elles s'empresseraient de fonder une Société de bienfaisance pour l'amélioration des habitations ouvrières. Elles n'auraient, pour y arriver, qu'à suivre l'exemple qui a été donné à Madrid pour créer la *Constructora Bénéfica*. Cette Société doit sa fondation à une grande dame, qui organisa une fête de charité dont le produit lui permit de réunir quarante-sept mille francs,

Cet argent fut employé à la construction d'une maison à étages, qui fut louée à de petits ménages.

Le roi Alphonse XII ayant donné l'argent nécessaire pour établir cinq maisons à une famille, la Société les vendit par annuités.

Cette Société est administrée par plusieurs comités, composés de légistes, d'ingénieurs, d'entrepreneurs, etc., qui s'occupent uniquement des questions dont ils ont la spécialité.

Nous croyons, en effet, qu'une pareille association doit toujours être gérée par un homme compétent, rémunéré de façon à pouvoir consacrer tout son temps à l'œuvre, car il ne suffit pas, de nos jours, d'avoir du bon vouloir pour diriger une affaire. Cette opinion a surtout besoin d'être partagée par les administrateurs des Sociétés philanthropiques dont nous allons nous occuper.

Sociétés Philanthropiques. — Les Sociétés philanthropiques diffèrent des institutions de bienfaisance en ce que leurs administrateurs sont indemnisés de leurs dépenses de temps et d'argent et que les actionnaires reçoivent des dividendes modérés.

En France, les administrateurs des Sociétés philanthropiques refusent en général toute espèce de rémunération. En Angleterre, où l'ouvrier accepte difficilement un service rendu par pure bienfaisance, on rémunère en général les administrateurs en leur allouant, pour chaque séance à laquelle ils assistent, une petite indemnité pour leurs frais de voiture. Quelquefois, la Société offre aux administrateurs un voyage sur le continent.

La plus célèbre Société philanthropique est celle de Mulhouse. Les actionnaires se sont engagés à limiter les dividendes auxquels ils ont droit, au taux de 4 0/0 l'an. De nos jours, en France, le taux de 4 0/0 paraît être un excellent placement, mais il ne faut pas oublier que, dans le commerce, l'argent est prêté au taux de 6 0/0 l'an et que les commissions à payer aux banquiers pour escompter les valeurs élèvent le taux de l'argent prêté à 7, 8 et 10 0/0.

Quant à nous, nous n'avons jamais pu trouver de l'argent sur hypothèque qu'au taux de 5 0/0, en donnant pour garantie des habitations ouvrières ; de plus, il fallait payer une commission de 1 0/0. Le jour où les capitalistes ne demanderont à retirer que le 4 0/0 de l'argent affecté à la construction de petits logements, on pourra améliorer considérablement l'état actuel des habitations des travailleurs, car en les louant à meilleur compte il sera facile de choisir ses locataires. La Société philanthropique de Paris, grâce à ce moyen, ne perd que des sommes insignifiantes.

Un grand nombre d'associations ont adopté les statuts de la Société de Mulhouse. Nous citerons, parmi les plus intéressantes, celles du Havre, de Bolbec, de Rouen, de Marseille, de Saint-Quentin.

La *Société immobilière* de Rouen a construit des maisons à étages, dont la distribution est très convenable ; cependant, on peut leur reprocher de ne pas avoir de privés pour chaque logement.

La *Société immobilière* de Lyon, fondée par MM. Aynard, Gillet et Mangini, est également digne d'être signalée par le bon marché des logements, dont le prix de revient est de moitié inférieur aux prix ordinaires.

Les Sociétés philanthropiques, tout en ne donnant qu'un dividende modéré aux actionnaires, exploitent quelquefois les maisons, de façon à réaliser des bénéfices qu'elles affectent à la création d'institutions d'utilité publique.

Ainsi, la Société d'Amiens a construit une église et une école ménagère.

La *Société philanthropique de l'avenue de Clichy*, fondée par M. Lefébure, a créé une école libre.

La *Société des Cités ouvrières de Mulhouse* a établi un lavoir et un restaurant populaires. Beaucoup de Sociétés ont placé dans leurs statuts une clause qui leur permet d'établir des crèches, des écoles, des cuisines économiques, des lavoirs, des boulangeries, des jardins ; mais leurs bénéfices trop limités ne leur permettent pas de profiter souvent de cette prérogative. La *Société de Passy-Auteuil* vient d'émettre des obligations ; elles ne rapportent que 4 0/0 d'intérêts ; par contre, elles sont garanties par une valeur triple ainsi que par la moralité et le talent des administrateurs. On peut considérer la souscription d'une obligation de 500 fr. comme une œuvre de charité, c'est-à-dire comme un don annuel d'une somme qui représente la différence entre l'intérêt légal de 5 0/0 et celui de 4 0/0 payé par la Société, soit 1 0/0. En prenant 10 obligations, soit 5,000 fr., on touche 20 fr. d'intérêt au lieu de 25 fr.; par suite, dans le cas où l'on serait certain de placer son argent au taux de 5 0/0, on permet à la Société, moyennant un sacrifice annuel de cinq francs, de mettre une maison de plus à la disposition des ouvriers.

Organisation d'une Société philanthropique. — Lorsqu'on organise une Société philanthropique, il est nécessaire de s'assurer d'abord du concours dévoué de personnes capables de former un Conseil d'administration ; ces premiers membres doivent jouir d'une notoriété suffisante pour écarter aux yeux du public toute idée de spéculation de leur part. Le Conseil formé, on rédige des statuts qu'on fait adopter par une assem-

blée générale des souscripteurs. Il est assez difficile de trouver
en France des adhérents pour fonder une association de ce
genre, et, lorsque nous tentâmes la constitution de la *Société
philanthropique des Habitations à bon marché*, avec le concours
de MM. J. Dollfus, Emile Muller, Jules et Jacques Siegfried,
Bamberger, Godillot et Jonquoy, nous avions souscrit entre
nous près de 80,000 francs ; nous essayâmes d'arriver à 200,000
avec des circulaires, mais nous échouâmes.

Les actions avaient une valeur de 500 francs ; elles devaient
être libérées en souscrivant. On pourrait faire observer que bien
des personnes n'aiment pas débourser 500 francs en une fois :
nous pouvons dire que les actions de cent francs émises par la
Société de Passy-Auteuil, présidée par M. le sénateur Dietz-
Monnin, ne furent pas plus rapidement souscrites et que, sans
MM. Dietz-Monnin et Emile Meyer, qui prirent chacun 400
actions, le capital de 200,000 francs ne serait pas encore réuni.

Il y a aussi une première question qui se présente quand on
veut fonder une Société : il s'agit de savoir si on doit donner à
l'association une forme civile ou commerciale.

Une Société civile présente plusieurs avantages.

La Société purement civile peut être constituée par un acte
sous seing privé ou par devant notaire ; le contrat n'est soumis
à aucune formalité de publicité, de dépôt et d'enregistrement.
La valeur du capital de la Société n'est pas limitée par la loi ; la
Société civile ne paie pas de patente ; elle ne peut être déclarée
en faillite ; elle peut diviser son capital en parts d'intérêts ou
en actions nominatives, ou au porteur, de la valeur qu'il lui
plaira de fixer, sans minimum légal. Toute liberté lui est donnée
pour régler le mode, le taux et l'émission de ses actions ; aucun
minimum de versement n'est exigé. De plus, les actions ou cou-
pons d'actions peuvent être de la somme la plus modique, d'un
ou deux francs par exemple.

Les inconvénients de la Société civile sont nombreux ; le
plus important consiste dans la responsabilité des associés
envers les créanciers au-delà de leur mise, même dans une
Société par action, à moins que l'acte d'engagement n'ait stipulé
que les actionnaires sont responsables proportionnellement au

capital engagé par eux dans la Société. Sous cette clause, un actionnaire qui a souscrit une action de cinquante francs, peut être exposé à payer une somme de deux mille francs, si la Société, composée de cent membres, doit une somme de deux cent mille francs. Toutefois, d'après l'article 1862 du code civil, les actionnaires ne sont pas solidaires les uns des autres ; par suite, dans le cas que nous citons, la somme de deux mille francs est le maximum que l'actionnaire aurait à payer.

Un autre inconvénient grave provient de ce que les Sociétés civiles n'étant pas considérées, dans la plupart des cas, comme des personnes au point de vue légal, ne peuvent être valablement représentées en justice par leurs administrateurs.

Il résulte de ce que nous avons exposé, qu'une Société civile peut être constituée moyennant une dépense insignifiante, et que la Société pourra ultérieurement augmenter ou diminuer son capital, modifier ses statuts en toute liberté sans avoir aucune formalité à remplir. L'inconvénient qui résulte de ce que plusieurs tribunaux considèrent la Société civile à capital variable comme une Association de fait, dont tous les membres doivent entretenir pour qu'elle puisse ester en justice, peut être évité en soumettant l'Association à toutes les exigences de la loi commerciale.

Ainsi que le fait remarquer M. Fougerousse, dans son journal spécialement consacré aux Sociétés coopératives, lorsqu'on voudra faire jouir une Société de la personnalité civile et limiter la responsabilité de ses membres, il faudra remplir les formalités suivantes, définies par la loi du 24 juillet 1867.

Art. 55. — Dans le mois de la constitution de toute Société commerciale, un double de l'acte constitutif, s'il est sous seing privé, ou une expédition, s'il est notarié, est déposé aux greffes de la justice de paix et du tribunal de commerce du lieu dans lequel est établie la Société.

A l'acte constitutif des Sociétés en commandite par actions et des Sociétés anonymes sont annexés : 1° une expédition de l'acte notarié constatant la souscription du capital social et le versement ; cette copie est inutile dans le cas où la Société est à capital variable,

En outre, lorsque la Société est anonyme, on doit annexer à l'acte constitutif la liste nominative dûment certifiée de souscripteurs contenant les noms, prénoms, qualité, demeure et le nombre d'actions de chacun d'eux.

Art. 56. — Dans le même délai d'un mois, un extrait de l'acte constitutif et des pièces annexées est publié dans l'un des journaux désignés pour recevoir les annonces légales.

Il sera justifié de l'insertion par un exemplaire du journal certifié par l'imprimeur, légalisé par le maire et enregistré dans les trois mois de s. ... te.

Les formalités prescrites par l'article précédent et par le présent article seront observées, à peine de nullité, à l'égard des intéressés, mais le défaut d'aucune d'elles ne pourra être opposé aux tiers par les associés.

Art. 57. — L'extrait doit contenir... la démonstration adoptée par la Société et l'indication du siège social... ; la désignation des associés autorisés à gérer, administrer et siguer pour la Société ; le montant du capital social... l'époque où la Société commence, celle où elle doit finir et la date du dépôt fait aux greffes de la justice de paix et du tribunal de commerce.

Art. 58. — L'extrait doit énoncer que la Société est en nom collectif, ou en commandite simple ou en commandite par actions, ou anonyme ou en capital variable.

Si la Société est anonyme, l'extrait doit énoncer le montant du capital social en numéraire et en autres objets de quotité à prélever sur les bénéfices pour composer le fonds de réserve.

Enfin, si la Société est à capital variable, l'extrait doit contenir l'indication de la somme au-dessous de laquelle le capital social ne peut être réduit.

Les opérations relatives aux maisons ouvrières peuvent toutes être utilisées par des Sociétés civiles, sauf celles qui ont rapport à l'émission d'obligations, faites pour mobiliser les créances obtenues par des ventes à longs termes ; par suite, il arrive souvent que l'on choisira la forme civile, d'autant plus qu'il est bien difficile de perdre le capital engagé dans une Société qui s'interdit par ses statuts toute affaire de spéculation. Néanmoins, dans la majeure partie des cas, les personnes qui tiendront à

n'avoir aucune responsabilité et à n'engager qu'un capital
déterminé, préféreront la Société commerciale, malgré les
formalités coûteuses auxquelles le fonctionnement donnera lieu.

Sociétés de spéculation. — Les Sociétés qui ont pour
objet la spéculation peuvent se diviser en plusieurs groupes,
suivant les opérations qu'elles font.

En France, il existe peu de Sociétés ayant pour but de construire des maisons à étages pour loger les travailleurs.

A Paris, il y eut, vers 1880, une fièvre de construction provo-
quée par l'établissement des tramways. Les terrains en bordure
de grands boulevards percés dans les quartiers excentriques
acquirent subitement une grande valeur : il se forma des Sociétés
d'entrepreneurs qui construisirent des maisons à toute hauteur,
dont elles affectèrent les étages supérieurs à la création de
petits logements. Parmi ces associations, nous en citerons une
qui fit bâtir quatre-vingt-seize maisons en haut du faubourg
Saint Denis. Au début, elle loua les petits logements de deux
pièces moyennant un loyer de 400 francs ; aujourd'hui, ils sont
loués 600 francs.

M. Paul Dubos établit également, en participation avec quelques
capitalistes, plusieurs groupes de maisons divisées en petits logements de deux pièces qu'il loua à des prix variant de 300 à 500
francs.

M. Caligny, architecte, construisit, pour le compte d'une
Société, près de la manufacture de tabacs de Reuilly, un groupe
de vingt maisons à étages. Ses plans, exposés en 1879, au Palais
de l'Industrie, lui valurent une médaille d'or, mais les capitaux
nécessaires pour la construction ayant été fournis à des conditions très onéreuses par un établissement de crédit, le prix de
revient des logements fut trop élevé pour pouvoir les louer à
bon marché. La Société fit faillite et l'on vendit les bâtiments
moyennant une somme à peine égale à la moitié de leur prix de
revient. Dans cette opération, comme dans beaucoup d'autres, le
terrain fut acheté par la Société à un propriétaire qui lui avança
la moitié de la valeur des constructions ; lorsque la Société
tomba en déconfiture, le propriétaire racheta les constructions,
en ne déboursant que les sommes nécessaires pour payer les

7

droits de mutation. Les maisons lui revenant à très bon compte, il put baisser le prix des loyers de façon à faire occuper tous ses logements par une population choisie.

La *Société des Immeubles industriels* créa, en haut du faubourg Saint-Antoine, toute une rue bordée de maisons à cinq étages. Les trois premiers étages de ces maisons sont des ateliers où l'on peut se servir d'une force motrice fournie par une machine à vapeur placée dans le sous-sol des bâtiments. Cette force motrice est louée à raison de 4 fr. par cheval et par jour. Nous avons donné le plan des maisons du groupe et la disposition des machines dans l'ouvrage : *Les Habitations ouvrières en tous Pays.* Les étages supérieurs des maisons sont divisés en petits logements. La Société a obtenu de très beaux résultats au point de vue philanthropique. Elle a permis à beaucoup d'ouvriers de s'établir patrons ; mais, pendant les premières années de sa création, elle donna des dividendes peu importants à ses actionnaires. Grâce à la plus value de la propriété dans le quartier du Trône, l'avenir de la Société est aujourd'hui assuré.

Les usines créées en vue de louer la force motrice n'ont pas eu beaucoup de succès à Paris. Un établissement de ce genre, établi dans des conditions beaucoup plus avantageuses que ceux de la *Société des Immeubles industriels,* ayant été incendié, n'a pas été reconstruit.

Dans les grandes villes de l'étranger : à Londres, à New-York, à Turin, à Bruxelles, à Amsterdam, à Berlin, à Stockolm, à Vienne, à Milan, à Christiania, etc., des Sociétés ont établi de grandes maisons à étages. Ainsi, *The improved dwellings Company,* de Londres, possède des immeubles qui ont coûté près de trente millions, où habitent trente mille personnes. Le revenu de ces maisons dépasse le taux de 5 0/0. Les logements établis par ces Sociétés sont loin d'être irréprochables ; cependant, quelques-unes de ces Sociétés offrent des particularités assez remarquables.

Les Sociétés de Stockolm et de Christiania ventilent les logements au moyen de grandes conduites placées à côté des tuyaux de fumée. La première de ces Sociétés a organisé une Caisse des loyers, dont le capital est formé avec prélèvement de 7 0/0 sur le produit brut des loyers. L'argent est employé à venir en aide aux malheureux qui ne peuvent payer leur loyer.

Dans presque toutes les maisons de ces Sociétés, on a disposé des buanderies, des séchoirs ; dans quelques-unes, il y a des chambres mortuaires, et, enfin, dans un certain nombre d'entre elles, on trouve des escaliers en matériaux incombustibles et des dispositions qui permettent aux locataires des étages supérieurs de s'échapper en cas d'incendie.

En résumé, la construction des maisons à étages convenables doit encore être encouragée pour que l'on puisse citer des maisons modèles de ce genre. Les Sociétés qui s'occupent de l'exploitation de maisons pour une famille, ayant plus de chances de succès que celles que nous venons de citer, sont bien plus nombreuses et bien plus prospères.

En France, les Sociétés n'ont pas encore tiré parti des ressources offertes par l'exploitation des petites maisons ; néanmoins, il en existe plusieurs qui commencent à prospérer.

La Compagnie du Chemin de fer de l'Est a trouvé preneur pour ses terrains, qui longent la ligne de Vincennes, en créant des trains spéciaux d'ouvriers ; le Comptoir national a créé le village de Billancourt, en acceptant en échange de ses terrains des bons de marchandises.

La *Société de la plaine de Vannes*, près Paris, vend facilement ses terrains en avançant aux acquéreurs une somme suffisante pour construire et un certain temps pour se libérer.

L'*Union foncière de Reims* achète des terrains, sur lesquels elle construit des maisons pour des acquéreurs, après qu'ils en ont approuvé les plans ; elle émet des obligations et accepte des dépôts pour lesquels elle payait au début un intérêt de 5 0/0 ; aujourd'hui, elle ne paie plus que 4 0/0.

Ainsi qu'on le voit, en France, on commence à connaître les procédés suivis en Angleterre par les *Building societies*, mais nos travailleurs sont loin de savoir en tirer tout le parti possible : c'est pourquoi nous étudierons ces procédés dans un chapitre spécial. Avant d'aborder cette étude, nous dirons quelques mots de la *Société coopérative immobilière* des ouvriers de Paris. Elle fut créée après l'Exposition de 1867, à la suite du don de

quarante et une maisons situées avenue Daumesnil, que l'empereur Napoléon III fit à une Société d'ouvriers, à la seule condition qu'ils réuniraient une somme de cent mille francs, divisée
en actions de cent francs. Cette condition fut facile à remplir et
la Société fut organisée. Pour augmenter le chiffre de ses opérations, elle emprunta sur hypothèque une somme de deux cent
mille francs et elle construisit, boulevard Saint-Charles, à Grenelle, des maisons à étages, et rue des Rigoles, la villa des
Rigoles.

Les maisons à étages sont divisées en logements de trois
pièces et cuisine. L'escalier est clair et bien aéré. La maison type,
bâtie en 1867 dans l'enceinte du palais de l'Exposition, obtint
une médaille d'argent. Le plan de lotissement de la villa des
Rigoles est remarquable par suite de la forme du terrain qui est
profond et étroit. L'architecte l'a divisé en deux parties par un
passage de trois mètres de large, et a construit des pavillons
groupés par deux de chaque côté du passage, en ayant soin de
placer les jardins bout à bout, de façon à conserver aux pièces
principales une façade sur un espace libre d'une certaine
étendue. On construisit des maisons à étages près de la rue des
Rigoles suivant le plan adopté rue Saint-Charles. Les logements
des maisons à étages furent loués à prix réduits, et les pavillons
furent vendus par annuités. Les actionnaires touchent, depuis la
création de la Société, un dividende élevé ; de plus, les logements ne sont pas loués à leur véritable valeur et, par suite,
l'œuvre n'a pas prospéré comme on l'espérait. Si le capital
de 500,000 fr. donné par l'empereur, en 1867, eût été placé
de façon à rapporter 3 0/0 net, depuis cette époque, l'avoir
de la Société dépasserait aujourd'hui un million, tandis qu'il
n'a pas augmenté d'une manière sensible. Grâce au dévoû-
ment de M. Wilkin qui, pendant plus de vingt ans, dirigea la
Société, la liquidation n'eut pas lieu, malgré des efforts d'un
certain nombre de membres qui voulaient se partager le don fait
par l'empereur.

L'association est administrée par cinq membres, qui
choisissent entre eux un président, un trésorier et un administrateur délégué: La comptabilité est parfaitement tenue :

malheureusement, les frais d'administration de la société sont trop considérables pour le petit capital qu'elle a employé ; ils représentent environ 20 0/0 du revenu brut, tandis qu'un administrateur d'immeubles ne demande que 3 à 5 0,0 de ce revenu. Le premier taux est le maximum des concessions que puisse faire un gérant de maison ouvrière, attendu que l'administration d'un bâtiment de ce genre, à prix coûtant, par l'administrateur d'une Société de bienfaisance, revient à cette proportion du revenu.

Lorsqu'on veut fonder une Société de spéculation, il faut compter dépenser de 5 à 10 0/0 de la valeur du capital pour arriver à la constituer.

CHAPITRE V

En résumé, on voit que la question des habitations ouvrières ne comporte pas de solution générale.

La première chose à faire sera de se livrer à une enquête sur l'état des logements dans la localité où l'on veut construire, en tenant compte de la mortalité des habitants, de leur nombre, de l'accroissement de la population, du nombre de logements existants, de celui des pièces dont ils sont composés, du prix de revient d'une maison, du loyer payé et des ressources des futurs locataires ou acquéreurs.

Lorsque l'on constatera que l'exploitation de maisons pourra constituer un revenu dépassant le taux légal de 5 0/0, il sera relativement facile de trouver des capitaux pour construire quelques habitations modèles ; la spéculation suivra, et, une fois que les locataires connaîtront les avantages des logements salubres, ils deviendront plus exigeants et paieront un loyer suffisamment rémunérateur. Lorsque les loyers seront payés régulièrement, les constructeurs mettront des habitations à la disposition des travailleurs à d'aussi bonnes conditions que les autres choses nécessaires à l'existence.

Si l'une de ces entreprises vient à produire des bénéfices sérieux, un grand nombre de personnes s'en occuperont et, du fait de la concurrence, surviendra nécessairement une crise. Il en a été ainsi pour l'industrie du bâtiment, à Paris, où il existe aujourd'hui un grand nombre de logements vacants. L'administration peut ainsi faire exécuter les lois relatives à la salubrité, sans crainte de voir des locataires exposés à coucher dehors en cas de fermeture des maisons malsaines.

C'est surtout au moment de la démolition de nombreux logements, soit par suite de l'ouverture de nouvelles rues, soit par le prolongement de voies ferrées dans les villes, soit par tout autre motif d'utilité publique, que les autorités compétentes doivent veiller à ce qu'il ne se produise pas d'encombrement.

En Angleterre, les autorités n'accordent le droit d'exproprier les immeubles contenant des petits logements que lorsque le bénéficiaire s'engage à en établir un nombre égal. Ce droit d'expropriation est également donné, en vertu de l'*Act Torrens*, aux Sociétés qui s'engagent à démolir des quartiers insalubres et à remplacer les maisons malsaines par d'autres contenant un nombre égal de logements convenables.

Lorsque le devis des maisons à construire ne permet pas d'espérer un produit rémunérateur, il est plus difficile de trouver les capitaux nécessaires pour remédier aux effets de l'encombrement. J'ai essayé d'obtenir des subventions de l'Etat en m'engageant à établir des maisons revenant à 6,000 francs et à les vendre moyennant 4,000 fr. ou à les louer de façon à retirer le taux légal de mon argent.

J'ai également demandé à l'Etat de me prêter, au taux de 3 0/0, une somme de 4,000 fr. par logement convenable établi. Je faisais observer qu'en Angleterre l'Etat mettait à la disposition des constructeurs de petits logements, des sommes importantes à des conditions analogues, et j'ajoutais que la mortalité dans les quartiers où je voulais construire variait de 35 à 40 °/₀₀, tandis que l'expérience prouvait qu'on pouvait la réduire, dans des bâtiments améliorés, à 18 °/₀₀, ce qui économiserait des milliers de vies et éviterait de nombreuses maladies, qui font retomber de grandes charges sur l'Assistance publique.

Je démontrais, en un mot, qu'en construisant des maisons modèles, je diminuais les charges de l'Etat et j'augmentais ses revenus, en lui conservant des contribuables et en alimentant diverses sources de profits : impôts directs et indirects, etc. Par suite, la perte éprouvée aurait été largement compensée par des avantages importants. Je faisais ces tentatives non seulement au nom d'un groupe de personnes désintéressées, mais encore pour toutes les personnes qui eussent suivi notre exemple. Je ne croyais pas faire acte de socialisme, pas plus que les personnes qui obtiennent des subventions pour des théâtres ou l'amélioration de races d'animaux, et il me semblait que l'Etat, qui subventionnait des Sociétés plus ou moins utiles au public, pouvait accorder une certaine partie de ses largesses en faveur de l'amélioration de la race humaine ; je me trompais! On m'a accusé de faire du socialisme d'Etat et mes propositions, appuyées par MM. Leroy Beaulieu et Cheysson, ayant été soumises au Conseil des ministres par un de ses membres, il m'a été répondu qu'il n'y avait qu'à laisser faire.

Au point de vue de la législation, il serait urgent de continuer à demander à l'Etat la réforme de la loi de 1850, sur les logements insalubres. Les constructeurs devraient être instruits, avant de construire, des charges qui leur incombent, de façon à ce qu'ils ne soient pas exposés à démolir certaines parties de leurs maisons ou à faire des changements onéreux, par suite de modifications aux règlements municipaux sur la matière.

Nous avons dit que les règlements de ce genre concernant Paris sont loin d'être aussi sévères que ceux de diverses municipalités étrangères, qui prescrivent un certain nombre de dispositions à prendre en vue des incendies, de la solidité des édifices, de l'habitation prématurée, etc.

La législation relative à la transmission de la petite propriété devrait être également modifiée. Lorsqu'on achète une maison par annuités, on n'en devient propriétaire qu'au bout d'un certain temps ; par suite, on pourrait très bien ne payer les droits d'enregistrement relatifs à la vente qu'au moment de signer la quittance définitive du prix d'acquisition. Nos députés devraient également chercher l'application en France des lois anglaises, qui permettent à une Société dont le capital dépasse 200,000 francs d'émettre des actions de vingt-cinq francs.

Il serait utile également de favoriser les membres de Sociétés immobilières composées d'ouvriers, de façon à ce qu'ils puissent devenir propriétaires, sans grands frais, de maisons construites par l'association dont ils font partie.

Il est bien évident que toutes les lois qui faciliteront la construction et la vente de petites maisons, ainsi que celles qui réduiront les charges, telles que les impôts de transmission de la petite propriété, les expropriations judiciaires, les expulsions de locataires récalcitrants faciliteront l'établissement d'un grand nombre de maisons pour une famille.

Lorsqu'on s'adresse à l'Etat, il ne faut le faire qu'avec l'appui d'un député influent ; si on n'obtient rien de lui, on peut s'adresser aux autorités municipales. Nous avons vu que, par suite de l'intervention de M. le sénateur Dietz-Monnin et de M. l'Inspecteur général Cheysson, la Société de Passy-Auteuil a obtenu de la ville de Paris le droit de ne payer pour l'écoulement des vidanges à l'égout qu'un droit de 2 francs par famille.

J'ai essayé d'obtenir des concessions relatives à la viabilité, à l'éclairage des rues, à la fourniture de l'eau, mais j'ai échoué dans mes tentatives. Tout en formulant mes demandes, j'ai eu soin de publier des brochures, de faire des communications aux Sociétés savantes, d'insérer des articles dans les journaux pour intéresser le public aux habitations ouvrières ; j'ai eu assez de succès dans cette campagne, car plusieurs réunions populaires furent organisées dans les quartiers ouvriers pour traiter la question des loyers. Une commission administrative fut nommée à l'effet d'étudier le moyen d'améliorer les petits logements et un grand nombre de projets furent envoyés à la Commission, qui consacra de nombreuses séances à les examiner, mais aucun ne fut trouvé satisfaisant. M. Alphand présenta un projet ; pendant qu'on le discutait, on s'aperçut que la crise des petits logements diminuait, car, d'un côté, l'augmentation annuelle de 50.000 personnes qu'on remarquait à Paris s'était arrêtée et, d'autre part, un grand nombre de constructeurs avaient établi des petits logements.

La Commission estima que l'intervention des pouvoirs publics n'était plus nécessaire, et ses membres se séparèrent sans avoir pris de résolution.

D'après nous, le mal existe encore à Paris : la mortalité moyenne de la ville dépasse 24 %/₀ ; la nativité est excessivement faible et le nombre des habitants par chambre est trop considérable pour que les lois de la morale et les règles de l'hygiène puissent être observées. L'état des logements est trop déplorable pour que les pères de famille ne cherchent pas au cabaret des distractions, après avoir quitté leurs ateliers, c'est pourquoi je me suis adressé à l'Assistance publique et à la Caisse d'épargne pour essayer de les intéresser à la construction de logements modèles. L'Assistance n'a rien voulu faire ; elle continue à louer ses terrains vagues à des familles de malheureux, qui y installent des habitations très économiques, mais tellement insalubres, en général, que les membres des Commissions de logements en ont fait démolir plusieurs.

Cependant, l'Assistance publique dispose d'un grand nombre de terrains et de propriétés, et nous croyons qu'elle pourrait établir des logements modèles pour y loger la plupart des ménages qu'elle entretient. Ayant constamment sous les yeux les personnes qu'elle ferait vivre, elle leur distribuerait ses secours d'une façon plus efficace et plus équitable ; au contraire, il arrive souvent que ce sont les plus malheureux qui profitent le moins des largesses de l'administration.

La Caisse d'épargne de Paris n'a pas voulu suivre l'exemple donné par les Caisses d'épargne de Strasbourg, de Lyon et de Marseille et les deux tentatives que j'ai faites pour demander son appui ont échoué.

Les Compagnies d'assurances n'ont pas voulu imiter la Compagnie *le Phénix*, qui a construit des maisons mixtes. Jusqu'à présent, les Compagnies françaises d'assurances n'agissent pas comme les Compagnies anglaises, assurant sur la vie pour le temps qui reste à courir jusqu'à leur libération les ouvriers qui achètent une maison par annuités.

Nous avons demandé aux Sociétés scientifiques d'étudier les questions relatives au chauffage, à la ventilation, à l'éclairage, à la fourniture d'eau potable, à la canalisation des vidanges des petites maisons. Nous avons indiqué plusieurs solutions économiques, répondant aux diverses parties du programme; mais nous croyons qu'il y a encore beaucoup de progrès à faire en ce sens, et nous signalons aux personnes bienfaisantes les heureux résultats qu'elles obtiendraient en mettant à la disposition de nos Sociétés savantes l'argent nécessaire pour offrir des prix d'une valeur suffisante aux industriels qui se décideraient à résoudre les divers problèmes relatifs à l'habitation salubre et économique des travailleurs.

Puisqu'à Paris la spéculation ne peut arriver à construire de façon à mettre des logements modèles à la disposition des travailleurs, nous serions heureux de voir établir avec les ressources de la bienfaisance, dans les divers quartiers où l'encombrement cause une mortalité anormale, des maisons à étages, véritables modèles sous tous les rapports. Rez-de-chaussée affectés au service d'institutions de prévoyance ou d'établissements utiles aux locataires, tels que crèches, lavoirs, bains, magasins d'alimentation, restaurants économiques, etc., étages convenablement distribués et desservis par des escaliers incombustibles, conduites à ordures, monte-charges pour les provisions, dépôt mortuaire, etc.

La Société de Passy-Auteuil a déjà construit deux types de petites maisons; pour mon compte, j'en ai créé une vingtaine, mais je n'ai pas établi de cité modèle comme celle de Saftesbury Park, par exemple.

A Paris, le nombre des logements en mauvais état est tellement considérable que la spéculation seule arrivera à les transformer; par suite, les efforts des personnes qui s'occupent de l'amélioration des habitations ouvrières devront tendre à décider les capitalistes à placer leurs fonds dans des opérations concernant ce genre d'immeubles. Le meilleur procédé à employer consisterait à assurer un revenu rémunérateur et certain. Nous avons vu qu'on pouvait employer diverses méthodes pour arriver à ce but. Ainsi, on peut donner des subventions aux constructeurs, leur prêter ces fonds à un intérêt peu élevé, garantir un intérêt modéré, mais déterminé, aux actionnaires des Sociétés philanthropiques dirigées par des personnes notables et désintéressées, et payer les termes au lieu et place des locataires malheureux.

Cette dernière considération est celle qui, à nos yeux, est la plus importante, attendu que la spéculation relative aux maisons est une de celles qui immobilise le plus de capitaux ; il est donc indispensable, pour ceux qui s'en occupent, d'avoir recours aux établissements de Crédit foncier. Or, pour qu'un établissement de crédit puisse fonctionner, la première condition est le strict accomplissement des conventions.

Dans les circonstances actuelles, nous croyons que c'est particulièrement aux classes laborieuses à se préoccuper des conditions économiques de leurs logements. Au lieu de confier leurs épargnes à des capitalistes qui savent tirer de l'ensemble un parti rémunérateur, tandis qu'ils ne desservent que de faibles intérêts pour des dépôts de peu d'importance. Les travailleurs feraient donc mieux de s'associer, comme l'ont fait les ouvriers anglais, pour établir des petits logements.

Les opérations concernant la construction d'habitations ouvrières réussiront, à n'en pas douter, quand elles seront faites par des ouvriers, à la condition que ces derniers connaîtront le maniement des affaires, et qu'ils sauront tirer parti des éléments de succès dont ils disposent, savoir : 1° la valeur représentée par un groupe de travailleurs; 2° le capital produit par la réunion des sous de l'ouvrier; 3° la certitude de voir habiter par les membres de la Société des terrains en culture transformés en terrains à bâtir.

En Angleterre et en Amérique, il existe des milliers de Sociétés qui ont pour but de rendre l'ouvrier propriétaire.

Ces Sociétés sont composées d'ouvriers. Deux journaux spéciaux leur sont consacrés ainsi qu'un dictionnaire.

Ces Sociétés sont divisées en trois groupes, savoir :

1° Les *Land societies;* 2° les *Land* et *Building societies;* 3° les *Building societies.*

Land Societies. — Les *Land societies* ont pour but d'acheter de grands terrains, de les diviser en petits lots et de les revendre à leurs membres au prix de revient, majoré de façon à couvrir les frais d'administration.

Ces opérations ont d'autant plus de chance de réussite que le nombre des membres composant chaque Société est plus grand. Lorsque chaque membre a utilisé son terrain, ce qu'il fait aisé- ment, grâce aux facilités accordées en Angleterre par les Sociétés de Crédit foncier. une nouvelle commune est formée, et, pour peu que le terrain soit bien situé, il est bientôt desservi par des voies de communication très importantes. On cite le cas d'un chemin de fer créé tout exprès pour desservir un village fondé par une *Land society.*

Land and Building Societies. — *Les Land and Building societies* ont pour objet de joindre aux opérations de terrains la construction de beaucoup de maisons du même type.

On comprend que l'établissement d'un grand nombre de telles maisons permette de réaliser des économies importantes. Malgré ces avantages, les Sociétés de ce genre ont obtenu moins de succès que les *Land societies.* Beaucoup d'entre elles ont succombé par suite de l'établissement de maisons trop luxueuses dans les quartiers mal choisis. D'autres ont réussi en achetant des terrains qui renfermaient de la terre à briques. On établissait des fours de campagne pour cuire les briques faites avec les terres provenant des fondations. Malgré le prix élevé de la main-d'œuvre, grâce aux briques ainsi obtenues et aussi à la fabrication mécanique des divers produits nécessaires à la construction, on arrive en Angleterre à faire des maisons à un prix de revient inférieur à celui que l'on atteint en France. Le fonctionnement de ces Sociétés et celui des *Land societies* est analogue à celui des *Building societies* que nous allons étudier plus loin.

A Paris, les *Land and Building societies* auraient beaucoup de succès. car nombre de grands terrains contiennent des matériaux de construction, soit du moëllon, soit du sable.

J'ai trouvé à acheter deux terrains contenant l'un du sable avec cailloux. l'autre du moëllon, sur lesquels j'ai construit des maisons comprenant chacune trois pièces et une cuisine, qui ont coûté de 3,400 à 4,000 francs.

C'est grâce au sable qui se trouvait dans le terrain d'Auteuil que j'ai pu établir des maisons pour 3,600 francs, clefs en mains.

Building Societies. — Les *Building societies* anglaises ont pour objet de prêter aux personnes, qui désirent devenir propriétaires, la somme nécessaire pour construire, et de leur donner la facilité de se libérer par des versements mensuels d'une valeur d'autant plus faible qu'ils doivent être continués plus longtemps.

Les Sociétés de ce genre sont celles qui rendent le plus de services aux Anglais. Elles sont très nombreuses et très variées. Néanmoins, on peut les diviser en deux catégories : savoir, les Sociétés temporaires et les Sociétés permanentes.

Sociétés Temporaires. — Les Sociétés temporaires sont des espèces de tontines ; chaque membre verse une certaine somme dans la caisse commune.

Aussitôt que les fonds recueillis sont suffisants pour l'achat d'une maison, on prête cet argent avec les garanties nécessaires au membre qui en fait la demande.

On lui donne le temps qu'il faut pour s'acquitter et on continue ainsi jusqu'à ce que tous les membres possèdent, soit une maison, soit un terrain, soit une somme d'argent.

Les Sociétés temporaires ont beaucoup d'inconvénients, — dont le moindre pour les sociétaires est celui d'obtenir un lot la dernière année de la Société.

Ces Sociétés ne sont usitées que parce que leur administration est faite gratuitement, à temps perdu, par les membres, et donne lieu, par conséquent, à très peu de frais.

Nous ne croyons pas qu'elles puissent être établies utilement à Paris.

Sociétés Permanentes. — Il n'en est pas de même des Sociétés permanentes, qui sont de véritables banques populaires, et qui ont rendu des milliers d'ouvriers propriétaires de leur demeure.

Nous avons consacré à ce sujet un chapitre spécial dans l'ouvrage sur les *Habitations ouvrières dans tous Pays*, que nous avons fait en collaboration avec M. E. Muller ; par conséquent, nous ne décrirons ici leur fonctionnement qu'en peu de mots.

Marche à suivre pour obtenir un prêt d'argent. — Quand une personne a besoin d'argent pour construire une maison ou pour améliorer un immeuble, elle fait une demande à la Société. Le conseil d'administration fait examiner les titres de la propriété par un avoué *(sollicitor)* plaidant, et évaluer sa valeur par un architecte *(surveyor.)*

Ces deux messieurs adressent un rapport au conseil d'administration, qui statue. En huit jours, un prêt peut être effectué dans une *Building society* bien établie. Généralement, on prête les trois quarts de la valeur d'un cottage, car il est rare qu'un petit propriétaire fasse de mauvaises affaires, et en cas de malheur, une maison se vend généralement plus cher que son prix de revient, quand elle dépend d'une propriété bien située, bâtie par des personnes au courant de ce genre d'entreprise.

Quand on veut construire et que les titres de propriété sont réguliers, on obtient de l'argent au fur et à mesure de l'avancement des travaux, sur le vu du certificat délivré par l'architecte. On donne en garantie hypothèque sur sa propriété et les actions de la Société qu'on possède.

Formation des capitaux des « Building Societies ». — Les capitaux des *Building societies* sont obtenus à l'aide d'actions libérées ou non libérées, de dépôts, de primes, etc.

1° Les actions sont libérées soit au comptant, soit par des petits acomptes portant intérêts à partir du jour de leurs versements.

Les actions non libérées s'acquièrent par le versement de petites sommes capitalisées à intérêts composés jusqu'à ce que leur importance atteigne la valeur nominale du titre. Les *Building societies* s'obligeant, par leurs statuts, de faire uniquement des placements hypothécaires, elles présentent autant de garantie que les Caisses d'épargne. Celles-ci ne donnent guère que 3 1/2 0/0 d'intérêts, tandis que les *Building societies* desservent généralement 5 0/0 d'intérêts aux actionnaires, plus une prime ou une part dans les bénéfices ;

2° Les *Building societies* acceptent des dépôts d'argent ; elles paient un intérêt d'autant plus élevé que le terme de remboursement est plus éloigné.

Le remboursement des sommes prêtées s'opère par des versements hebdomadaires, mensuels, trimestriels, semestriels, annuels.

La durée du remboursement varie de un à vingt et un ans, et il est très rare de voir dépasser ce terme.

Amendes. — Des amendes sont infligées aux membres qui ne paient pas régulièrement leurs cotisations.

Le produit de ces amendes est quelquefois très élevé.

Ainsi, dans un procès récent, un membre prouva que l'argent qu'il avait reçu avait été, par suite des amendes infligées, prêté à un taux fabuleux.

Ce membre fut condamné par le juge, forcé de suivre le texte de la loi en vertu duquel tout acte enregistré doit recevoir sa pleine et entière exécution.

Primes. — Les primes existent dans les petites Sociétés où l'on ne dispose pas de capitaux suffisants pour faire face aux demandes.

Manières de distribuer les fonds disponibles. — Dans ces Sociétés, on divise ordinairement les fonds disponibles en lots, qui sont distribués :

1° A tour de rôle d'inscription ;

2° A celui qui offre la plus forte prime, par soumission cachetée ;

3° Aux enchères.

Les trois modes ont leurs inconvénients :

Le premier met de l'argent à la disposition de membres qui peuvent n'être pas prêts à le recevoir.

Les deux autres élèvent le taux de l'argent prêté. Néanmoins comme l'argent est employé pour construire, il est certain que l'acquéreur fait une bonne affaire.

Ainsi, par exemple, un homme paie 400 francs de loyer pour une maison qui vaut 6,000 francs. Il emprunte 4,500 francs à une *Building society* qui les lui prête moyennant le paiement de 300 francs pendant vingt ans. D'un autre côté, il aurait retiré 45 francs des 1,500 francs qu'il paiera comptant pour devenir propriétaire. En payant 405 francs par an, plus les charges relatives à une maison, on peut donc en devenir propriétaire.

Donc, rien que par le fait d'habiter sa maison ou du moins de payer son loyer, le locataire acquéreur peut bénéficier d'une maison qu'il peut vendre à un prix qui constituera son bénéfice.

Ce résultat se comprend aisément, car, d'une part, les *Building societies* achètent de grands terrains et les revendent en détail à leurs clients au prix du gros ; et, de l'autre, leurs entrepreneurs, assurés de faire toujours un grand nombre de maisons du même type, font de grands rabais sur les prix ordinaires de la construction.

Bien peu de *Building societies* ont fait de mauvaises affaires.

Plusieurs de ces Sociétés sont très puissantes ; ainsi la *Birkbeck society* récolte pour cent vingt millions de dépôts par an. Ces Sociétés font très peu de pertes. Le secrétaire de l'une d'elles nous a affirmé que depuis trente ans qu'il exerce ses fonctions, il n'a jamais vu la Société perdre une créance reposant sur une petite maison.

Building Society Parisienne. — L'établissement d'une *Building society* à Paris rendrait à sa population d'immenses services, car le terrain à bâtir devient de plus en plus rare dans l'intérieur de la ville, et il serait urgent de faire créer des villages aux environs.

La population de Paris augmente tous les ans, mais il n'en est pas de même du terrain à bâtir. C'est pour cette raison que toutes les personnes qui ont quelques fonds à placer et qui n'ont pas de connaissances suffisantes pour les utiliser autrement, achètent des terrains, attendant patiemment qu'ils aient acquis une plus-value considérable pour s'en défaire.

L'exemple donné par la Société coopérative immobilière des ouvriers montre combien il est difficile pour les ouvriers de créer une Société à Paris.

La cause principale provient de ce que les ouvriers ne se rendent pas compte de ce que vaut un bon directeur.

Une Société créée par des ouvriers met du temps pour obtenir des résultats.

Presque toutes les Sociétés coopératives fondées à Paris ont sombré, parce que le gérant n'était pas convenablement rémunéré.

Quand un gérant est mal payé, s'il n'est pas incapable, il s'établit pour son compte aussitôt qu'il le peut, et il emporte avec lui la clientèle de la maison qu'il dirigeait.

Pour avoir un bon gérant, il faut faire de grandes affaires et par suite manier de grands capitaux.

Pour toutes ces raisons, nous croyons que pour fonder une *Building society* à Paris, il faudra commencer par en composer une avec des hommes habitués au mouvement des affaires et y intéresser graduellement les ouvriers.

Nous proposons de fonder le Crédit foncier populaire, au capital de un million de francs.

Le capital serait divisé en 2,000 actions de 500 fr., libérables par quarts. Ces actions seront productives d'intérêts à 5 0/0 par an et auront droit à des dividendes.

La Société devra employer cinq cent mille francs en achats de terrain et à la construction de quelques maisons.

Ces maisons et terrains seront vendus par annuités.

La Société émettra alors des obligations en nombre suffisant pour représenter les créances provenant de la vente par annuités des terrains et des maisons.

Ces obligations seront émises au capital nominal de cent francs ; elles produiront des intérêts au taux de 5 0/0 par an et elles seront remboursables au pair au fur et à mesure des rentrées.

Elles seront prises et libérées par les acquéreurs des terrains et des maisons au moyen de petits versements qui seront compris dans la valeur des annuités fixée par le contrat d'acquisition.

Tout porteur d'obligation devrait avoir le droit d'assister aux séances générales de la Société ; dans tous les cas, il recevra chaque année un compte rendu des opérations faites par elle.

Tout porteur de cinq obligations libérées pourra les échanger contre une action et aura droit à une partie des réserves.

En opérant de cette façon, les actionnaires primitifs se retireront peu à peu et seront remplacés par des ouvriers qui, par suite des facilités qu'on leur aura accordées, connaîtront la marche de la Société.

L'autre moitié du capital sera prêté aux personnes qui voudront construire à leur guise, suivant des plans approuvés, et qui s'engageront à le rembourser par annuités.

8

Pour rembourser l'argent ainsi dépensé, on créera une nouvelle série d'obligations, payables par petits versements, et qui pourront être également échangées contre des actions.

Comme l'argent ne rapporte que 3 0/0 à la caisse d'épargne, les acquéreurs par annuités auront le plus grand intérêt à acheter des obligations au moyen de petits versements, qui seront placés à intérêts composés, au taux de 5 0/0 l'an, et qui leur permettront de devenir actionnaires d'une Société ou d'acquérir des propriétés à leur choix.

Quand toutes les actions seront entre les mains des ouvriers, ces derniers auront entre les mains une affaire montée, qu'il leur sera facile de faire marcher.

CHAPITRE VI

Etude des Documents relatifs aux Habitations ouvrières exposés en 1889

GRANDS PRIX. — **M. Alfred Engel (France).** — L'exposition de M. Alfred Engel se composait d'une vue panoramique des cités ouvrières de Mulhouse, d'un portrait de Jean Dollfus, fondateur de la Société des cités ouvrières, de trois maquettes représentant les trois types principaux de constructions ouvrières actuellement en usage et des divers plans d'exécution des maisons construites. D'après la notice distribuée aux visiteurs, la Société avait construit, en 1889, 1124 maisons ayant coûté 3.485.275 francs. Toutes ces maisons ont été vendues par annuités ; la plupart des acquéreurs en ont soldé le prix, et, au 31 décembre 1888, il n'était plus dû qu'une somme de 424.949 fr. 15.

En présence du succès prodigieux de la *Société des Cités ouvrières* de Mulhouse, et surtout du grand nombre de Sociétés et d'industriels qui ont suivi l'exemple donné par la capitale industriel de l'Alsace, le Jury de l'Exposition de l'Economie sociale a tenu à rendre hommage à M. Jean Dollfus en décernant à son petit-fils un grand prix.

Improved industrial dwelling Company, à Londres. — La Société des immeubles industriels de Londres a été fondée en 1863 au capital de 1.250.000 francs, à la suite d'essais faits par sir Sydney Waterloo pour loger quatre-vingt-dix familles dans le quartier de *Finsbury Circus*. Par suite des heureux résultats obtenus, le capital de la Société fut élevé à 12.500.000 francs. Grâce aux revenus réguliers des maisons, la Société put emprunter une somme égale au Gouvernement, qui la lui accorda au taux très modéré de 3 0/0, et elle construisit des immeubles qni valent aujourd'hui près de trente millions, et qui, comme nous l'avons déja dit, abritent trente mille personnes environ.

La Société exposa les photographies des habitations sordides qu'elle démolit pour les remplacer par les belles maisons dont elle fit connaître la forme et la distribution à l'aide de maquettes et de plans. La considération dont jouissent les administrateurs de la Sociéte a été démontrée par la présence du prince de Galles à la cérémonie d'inauguration du groupe des maisons de Soho.

D'un autre côté, lors de l'enquête faite par une commission pour apprécier les résultats de l'*Act* de 1875, intitulé : *The artisans and labourers' dwellings improvement*, M. Powell, représentant soixante-huit Sociétés composées de quinze mille membres, déclara que les maisons élévées par la Société dans les divers quartiers de Londres étaient probablement les plus confortables de celles habitées par des ouvriers.

La statistique indique que la mortalité n'est que de 17,8 pour 1000 dans les maisons de la Société, tandis qu'elle s'élève à 30 et 40 0/0 dans les quartiers où sont situés les immeubles dont nous nous occupons.

Quoique les derniers types de maisons créés par la Société soient bien mieux compris que les premiers, nous ne croyons pas qu'ils réalisent le maximum de confort et de salubrité qu'on atteindra par la suite ; néanmoins, en raison de l'importance des capitaux engagés, de la diminution de la mortalité observée et de la destruction des hideux bâtiments qui ont été remplacés par les maisons de l'*Improved dwelling Company*, nous comprenons que le Jury de l'exposition d'Economie sociale ait décerné à cette Société un grand prix.

Mansion House Council on the Dwellings of the People. — Cette Société, présidée par le lord-maire de Londres, et qui compte parmi ses vice-présidents l'archevêque de Cantorbéry, le cardinal Manning, lord Salisbury, le comte Saftesbury, a pour but de provoquer l'amélioration des petits logements au point de vue du confort et de la salubrité.

Pour atteindre son but, la Société recueille des cotisations dont elle emploie le produit à rémunérer ses inspecteurs chargés de visiter les quartiers les plus négligés et de lui faire un rapport sur l'état des habitations. A l'aide des renseignements ainsi obtenus, le bureau rédige des mémoires qu'il envoie aux autorités compétentes chargées d'appliquer les lois sur la salubrité. Ces autorités sont les *vestries*, dont les membres sont nommés à l'élection. Au moment de la création de la Société, beaucoup d'électeurs s'abstenaient de voter ; il en résultait souvent que les *vestrymen* étaient des personnes soit incompétentes, soit intéressées à voir maintenir le mauvais état des maisons. La plupart des *vestries* reçurent très mal les observations émanant du *Mansion House Council ;* mais ses membres ne se découragèrent pas, ils instituèrent des Comités dans tous les quartiers de Londres pour bien connaître les locaux insalubres, et ils firent appel aux électeurs par voie d'affiches, pour les engager à choisir comme *vestrymen* des personnes capables et sérieuses. Plusieurs *vestries* effectuèrent des réformes importantes, mais les autres, restant sourds après l'envoi de trois mémoires adressés à des intervalles de temps suffisamment éloignés, la Société s'adressa au gouvernement, qui décida de faire une enquête officielle sur l'état des petits logements dans tout le Royaume-Uni. Les résultats de cette enquête, consignés dans six gros volumes, démontrèrent la nécessité de l'intervention gouvernementale ; malheureusement, aucun pouvoir existant ne peut contraindre les autorités locales à accomplir leurs devoirs, c'est pourquoi le *Mansion House Council* continue à agir sur le public par des conférences, par des distributions de brochures et, en résumé, par tous les moyens que ses modestes ressources lui permettent d'y consacrer. Dans le cours de l'année 1885, la Société distribua plus d'un million d'avis imprimés faisant connaître les conditions insalubres des logements et les moyens de les détruire. Près de trois cent mille circulaires, indiquant la marche à suivre en cas de petite vérole et d'autres maladies infectieuses, ont été distribuées dans les écoles, ainsi que des instructions pour se préserver du choléra. De nombreuses conférences furent faites, sous la présidence de l'archevêque de Cantorbéry et du cardinal Manning, à l'exposition d'hygiène de Londres, par les orateurs les plus aimés du public. Les conférenciers ont traité toutes les questions qui pouvaient donner lieu à des améliorations dans la tenue des logements. Les conférences furent publiées sous forme de brochures par les soins du Comité de l'exposition d'hygiène.

Grâce au *Mansion House Council* un grand nombre de maisons, qui s'intitulent *maisons modèles*, ont été signalées à l'autorité comme présentant des défectuosités notables. Le Jury de l'Exposition d'économie sociale a pensé qu'il était de son devoir d'encourager le plus possible une aussi utile institution que celle du *Mansion House* et lui a décerné un grand prix.

MÉDAILLES D'OR. - **Blanchisserie et Teinturerie de Thaon.** — M. Lederlin, administrateur de l'établissement de Thaon, exposa deux albums de plans, ainsi qu'une très belle maquette représentant les habitations ouvrières, au nombre d'une centaine, et les installations diverses créées en faveur du personnel de son établissement. Les maisons sont de divers types ; leur prix varie de 2,925 à 9,800, suivant qu'elles sont destinées à l'habitation d'ouvriers ou d'employés. Les maisons dépendant de l'établissement ne sont pas vendues, elles sont louées moyennant un prix brut représentant 4 0/0 du prix de revient. L'eau potable est fournie par une canalisation d'eau de source ; des fontaines sont établies dans divers endroits. Les eaux ménagères sont écoulées par des caniveaux à ciel ouvert.

Les vidanges sont recueillies dans des tinettes mobiles, mélangées avec du terreau et employées par les ouvriers qui sont tous cultivateurs.

M. Lederlin ne vend pas de maisons aux ouvriers, mais il leur facilite les moyens de devenir propriétaires, en leur faisant avancer par la Société de secours mutuels, dont il est le président, la somme nécessaire pour construire une habitation sur un terrain voisin de l'usine. M. Lederlin laisse l'ouvrier libre de choisir la disposition qui lui convient, mais il exige que les conditions de salubrité et de solidité soient remplies et, à cet effet, il s'est réservé la faculté d'approuver les plans des maisons édifiées avec le concours de la Société de secours mutuels. Par suite de cette combinaison, trente-deux sociétaires ont emprunté 74,500 francs, au taux de 5 0/0, à la Société de secours mutuels dont ils font partie, et ils sont aujourd'hui propriétaires de maisons dont une forte partie du prix est payée.

Bureau de Bienfaisance d'Anvers. — Le Bureau de bienfaisance d'Anvers s'occupa, dès 1864, du logement des travailleurs, en construisant à titre d'essai quatre maisons dans le quartier de Stuivenberg. Ces essais ayant été heureux, l'administration construisit un premier groupe de 168 maisons qu'elle loua à un taux rémunérateur.

Le revenu net ayant été supérieur à 5 0/0, le Bureau établit successivement plusieurs groupes de maisons qu'il se contenta de louer.

Le Bureau de bienfaisance ne cherche pas à rendre l'ouvrier propriétaire, mais il s'attache à lui fournir un logement indépendant, confortable et bon marché. Pour donner un cachet architectural à ses groupes d'habitations, il a fait construire des maisons bourgeoises avec boutiques. L'architecte, Victor Durlet, a très habilement tiré parti du mélange des maisons bourgeoises et des habitations ouvrières. Nous avons donné dans les *Habitations ouvrières dans tous Pays* les façades d'un groupe de maisons disposées autour d'une place.

Cet établissement de bienfaisance avait une très belle exposition, composée non seulement des plans, mais encore d'une maquette représentant plusieurs maisons. Nous regrettons que l'architecte n'ait pas fait voir d'une manière plus apparente la curieuse disposition qu'il a adoptée pour se débarrasser des vidanges.

En 1889, le Bureau de bienfaisance d'Anvers possédait 50 maisons bourgeoises, une école et 434 habitations ouvrières pour un ou deux ménages.

Le montant de la dépense a été jusqu'ici de 2.333.807 fr. 30.

Le produit brut annuel de...................... 101.650 fr.

Le montant des frais de.................... 17.630

Le revenu annuel a donc été de.............. 84.020 fr.

Le jury de l'Exposition d'Economie sociale a décerné au Bureau d'Anvers une médaille d'or. Nous regrettons qu'il n'ait pas été donné à son dévoué architecte, M. Victor Durlet, une récompense de collaborateur.

M. Cacheux (Emile). — M. E. Cacheux a exposé les divers documents qui rendent compte de ses efforts pour propager en France les *Building societies*. Ces documents se composaient d'un grand nombre d'articles écrits dans des journaux spéciaux, tels que l'*Architecte*, l'*Hygiène pratique*, le *Journal d'Hygiène*, l'*Economiste français*, la *Revue sociale*, puis de brochures contenant les communications qu'il fit sur ses travaux à la Société des Ingénieurs civils, à la Société d'Economie sociale, à la Société de médecine publique, à la Société d'hygiène, à plusieurs Congrès de l'Association française pour l'avancement des sciences, à la ligue des contribuables, au Congrès d'hygiène industrielle de Rouen, à l'Exposition de 1878.

M. Cacheux exposa également des spécimens des brochures de propagande qu'il distribua à plus de vingt mille exemplaires, avec plans à l'appui, pour faire connaître les moyens qui, d'après lui, permettent de remédier à la cherté des loyers; il exposa en outre des exemplaires de son important ouvrage, intitulé *l'Économiste pratique*, dans lequel il a réuni les plans d'exécution des divers types de maisons qu'il créa à Paris, pour démontrer la possibilité de rendre un locataire, qui paie son loyer régulièrement pendant un certain temps, propriétaire, soit d'une maison, soit d'une somme d'argent.

M. E. Cacheux exposa également un grand nombre de châssis représentant les plans d'exécution des maisons qu'il fit établir pour ouvriers et employés, cité des Lilas, boulevard Murat, et enfin boulevard Kellermann impasse Boileau. Dans l'exposition de M. E. Cacheux, figurait aussi l'ouvrage qu'il fit en collaboration avec M. Emile Muller et qui a pour titre : *les Habitations ouvrières en tous Pays.* Les mille premiers exemplaires ayant été vendus, les auteurs préparèrent une deuxième édition plus complète à l'occasion de l'Exposition de 1889.

Caisse d'Epargne et de Prévoyance des Bouches-du-Rhône. — L'administration de la *Caisse d'Épargne des Bouches-du-Rhône* exposait une maquette représentant l'ensemble de la cité ouvrière qu'elle fit construire par M. C. d'Albret, architecte. Cette administration est la première institution française de ce genre qui a eu la hardiesse de provoquer la construction d'habitations ouvrières en consacrant à cet objet une somme de 250,000 francs prise sur ses réserves. Cette somme fut employée de la manière suivante : 160,000 francs ont servi à construire des habitations ; 20,000 francs ont été affectés à l'acquisition d'actions d'une Société de construction d'habitations ouvrières ; et, enfin, 70,000 francs seront prêtés par hypothèque à des personnes désireuses de construire elles-mêmes.

Les maisons élevées par la Société sont à un étage ; elles ont comme dépendances un jardin ; elles paraissent très solidement construites et sont bien distribuées.

Une particularité remarquable est relative au service des vidanges qui sont reçues dans une fosse fixe en béton, construite suivant le système Mouras. Les vidanges, diluées par l'eau qu'on y jette et par celle qui s'écoule du trop plein des réservoirs de l'eau d'alimentation, sont envoyées à l'égout. Le prix de la redevance à payer est proportionnel à la longueur de la façade de la maison.

Les résultats obtenus par la *Caisse d'Épargne des Bouches-Rhône* sont en grande partie dûs à son dévoué président, M. Rostand. Le jury a décerné à ce dernier, une médaille d'or à titre de collaborateur et nous sommes heureux d'ajouter que le gouvernement de la République l'a nommé chevalier de la Légion d'honneur ; par contre, nous regrettons que M. Ch. d'Albret, l'architecte de la Société, n'ait pas été récompensé.

Compagnie des Mines d'Anzin. — La Compagnie des mines d'Anzin a construit, sur l'Esplanade des Invalides, un spécimen des habitations que préfèrent ses ouvriers. La maison se compose d'un rez-de-chaussée divisé en deux grandes pièces et d'un étage mansardé dont une moitié sert de chambre à coucher et l'autre de grenier. La cuisine se fait dans une des pièces du rez-de-chaussée, à l'aide d'un poêle utilisé également pour chauffer la pièce. Des cheminées sont disposées pour ventiler les chambres et les chauffer.

Les dépendances de chaque maison sont : une remise, une étable à porcs, un privé et un jardin de 200 mètres carrés.

Les maisons du type qui fut exposé sont groupées par deux. La Compagnie ne construit plus de cités ouvrières.

Une maison avec ses dépendances revient de 2,600 à 3,000 fr.

Un puits, qui coûte en moyenne 600 fr. et un fournil qui vaut 950 fr. sont établis par groupe de 15 à 20 maisons. La moyenne du prix de location d'une maison est de 60 fr. ; son entretien revient à 50 fr. environ, par suite son produit net est à peu près nul.

Les eaux potables sont fournies par des puits, les eaux ménagères sont envoyées, à ciel ouvert, par des caniveaux dans les écoulements généraux des communes dont les maisons font partie. La vidange est employée pour la culture des jardins.

Des ouvriers spéciaux assurent dans chaque quartier les mesures de voirie nécessitées par la salubrité.

L'intérieur des maisons doit être blanchi chaque année au lait de chaux, au moins une fois par an.

La Compagnie possède actuellement 2,628 maisons, et, pour favoriser l'esprit d'épargne de ses ouvriers, elle a construit et vendu par annuités 93 maisons ayant coûté 275,207 fr. Les maisons ont été cédées à prix de revient. La valeur de l'annuité n'a pas dépassé celle du loyer d'une maison de surface équivalente.

Compagnie des Mines de Blanzy. — La Compagnie vend à ses ouvriers à crédit, et au plus bas prix possible, des terrains qu'elle a acquis ; elle leur fait en outre des avances de 1,000 fr. pour les aider à construire des habitations. Le prix du terrain et le montant des avances sont remboursables en dix ans, sans intérêts. La valeur des sommes ainsi déboursées s'est élevée jusqu'à 500.000 fr., par suite des remboursements effectués, elle a été réduite à celle de 81,711 fr. 85.

La Compagnie loge une grande partie de son personnel dans des maisons groupées par deux, dont un spécimen a été construit en 1867 dans l'enceinte de l'Exposition. Depuis cette époque, la Compagnie a amélioré les habitations de ses ouvriers ; elle nous a envoyé le plan des constructions qu'elle voulait établir à l'Esplanade des Invalides en 1889. Malheureusement, l'espace fit défaut et le bureau de la section XI de l'*Economie sociale* fut obligé de refuser sa demande. Nous avons reproduit les plans des maisons de Blanzy dans l'ouvrage *les Habitations ouvrières en tous Pays.*

La construction d'une maison revient à 2,900 fr. ; le prix du jardin de 4 ares qu'on lui adjoint est de 120 francs. Le loyer est loué 72 francs.

La maçonnerie est en pisé, recouvert d'un enduit moucheté. Le sous-sol est assaini par des tuyaux de drainage. Les eaux ménagères sont écoulées dans des puisards. Les vidanges mélangées aux cendres provenant du ménage sont employées comme engrais.

La Compagnie possède plus de 1,000 logements qui lui ont coûté une somme de 2.148.703 fr. 69.

L'intérêt de ce capital au taux de 5 0/0 est de...	107.435ᶠ 20
L'entretien annuel des logements est de......	49.737 40
L'entretien des cités, plantations, haies, clôtures est de..............................	21.135 80
Les impôts et assurances ont une valeur de....	7.051 »
La perte sur les avances pour acquisition de terrain est de	4.085 »

L'intérêt du capital affecté aux habitations ouvrières est de 180.444 40

La Société retirant de ses maisons un loyer brut de 38.226 fr. 15, elle fait un sacrifice annuel de 151.218 fr. 25 pour loger convenablement son personnel.

Au montant de cette dépense, il convient d'ajouter une somme de 2.560 fr. 10, employée pour donner des bains aux mineurs.

A la fin de l'année 1888, mille soixante-dix-neuf ouvriers étaient propriétaires de la maison qu'ils habitaient et du terrain avoisinant, soit une proportion de 29 0/0 du nombre total des ouvriers, chefs de famille, dépendant de la Compagnie.

M. Dessaignes. — M. Dessaignes, ancien député, maire de Champigny, a construit une cité pour loger convenablement les ouvriers qu'il emploie dans une ferme modèle. Il espère que son exemple sera suivi, et que la population de nos campagnes, trouvant dans les exploitations agricoles les mêmes avantages que dans les manufactures, le mouvement d'émigration qui pousse les paysans vers les centres industriels s'arrêtera. Comparées aux habitations des communes voisines, composées uniquement d'une seule chambre où père, mère et enfants de tous âges et de tous sexes sont accumulés, où l'aération est insuffisante, où les eaux ménagères, les fumiers et les purins infestent le sol sur lequel repose l'habitation, les maisons de M. Dessaignes sont des véritables modèles. Chacune d'elles se compose d'une chambre à coucher et d'une cuisine. Un escalier permet de monter facilement à un grenier spacieux ; une petite cave voûtée existe sous la maison. Les dépendances sont : une écurie, une étable, une petite grange, un toit à porcs, un poulailler et un jardin.

Les habitants ont la jouissance d'une pompe et d'un four ainsi que de privés bien disposés.

La cité se compose de trente-quatre maisons, dont l'une est destinée à un médecin, une deuxième à un vétérinaire, une troisième à une boulangerie et une quatrième à un bureau de postes et télégraphes. Pour décider l'Etat à établir un bureau de poste à Champigny, M. Dessaignes lui a concédé la jouissance gratuite, pendant dix-huit ans, de la maison qu'il a agencée spécialement pour ce service. Les maisons de la cité sont desservies par deux rues qui ont respectivement huit mètres et dix mètres de largeur. Une place plantée d'arbres se trouve au milieu de la cité, elle a une superficie de vingt-mètres de large sur soixante-treize mètres de long.

Le niveau de l'eau, fournie par des puits, est à une distance de deux mètres du sol.

Chaque maison revient en moyenne à 5.000 francs ; elle est louée à raison de 100 francs, ce qui représente un revenu brut de 2 0/0 du capital engagé.

M. Dessaignes a consacré un capital de plus de 200.000 francs à son œuvre, qui comprend, outre les maisons pour agriculteurs valides, une maison de retraite pour les vieux ouvriers agricoles, une salle d'asile et diverses autres institutions.

Etablissement de MM. de Naeyer (Belgique). — M. de Naeyer a construit deux maisons à l'Esplanade des Invalides; l'une était un spécimen de maison d'angle, l'autre un type de maison intermédiaire. Ces maisons sont distribuées comme toutes les habitations ouvrières construites dans le Nord; ce qui les caractérise c'est l'élégance de la façade et l'extrême bon marché. M. de Naeyer arrive à construire économiquement ses maisons en étant lui-même son propre entrepreneur et en faisant diriger les travaux par l'ingénieur de son usine. Les briques sont faites sur place; elles reviennent à huit francs le mille, par suite on peut les employer à faire des trottoirs économiques.

Les rues garnies de scories de houille ont dix-huit mètres de large et sont traversées à leur milieu par un égout. Il existe une rangée d'arbres le long de chaque trottoir, qui a un mètre vingt-cinq de large. L'éclairage se fait au gaz qui est fourni par l'usine aux habitants qui le demandent, à raison de 0 fr. 12 le mètre cube.

Les vidanges sont recueillies dans des fosses dont la base carrée a 2 mètres de côté et la hauteur 1^{m}50. Elles sont vidées par les habitants qui emploient les produits dans leurs jardins ; les eaux ménagères sont envoyées à l'égout au moyen d'une canalisation en poterie.

L'eau potable est fournie gratuitement. On l'obtient au moyen de puits artésiens. Les réparations à faire à la canalisation sont à la charge des locataires qui ont droit à la jouissance en commun d'un fournil.

MM. de Naeyer ont construit divers types de maisons dont le prix varie de 1.300 à 2.500 fr. Les types du prix de 1.300 fr. ont 3 mètres de façade d'axe en axe. Chaque maison a, comme dépendances, une remise, un privé et un jardin. Ces maisons sont vendues par annuités, à prix de revient. La valeur de l'annuité est calculée de façon à faire produire 3 0/0 au capital. M. de Naeyer a fait une campagne énergique pour arriver à décider l'administration de la Caisse d'épargne à demander l'autorisation de faire des prêts hypothécaires aux propriétaires d'habitations ouvrières. Jusqu'à présent, cet industriel a construit 150 maisons ; il a fait élever aussi un bâtiment dont le rez-de-chaussée sert de crèche pour 80 enfants et le premier étage d'asile pour les ouvriers invalides ou infirmes, victimes d'accidents arrivés à l'usine. Dans les caves de cet établissement on a placé des baignoires, et on dispose dans le grenier des séchoirs pour le linge, des réservoirs, des chambrettes.

M. Fanien aîné, à Lillers. — M. Fanien a construit à l'Esplanade des Invalides un spécimen des habitations ouvrières qui dépendent de sa manufacture. Le type le plus en faveur a quatre mètres d'axe en axe, il se compose, au rez-de-chaussée, de deux pièces, et au premier étage de trois chambres à coucher. La cuisine se fait dans une des pièces du rez-de-chaussée, l'autre sert d'atelier, car beaucoup d'ouvriers travaillent chez eux. Les maisons sont construites en bordure d'une rue pavée, munie d'un trottoir en briques. Une cour dépend de chaque maison, et au fond de cette cour se trouvent une petite remise et des cabinets d'aisance. Les vidanges sont recueillies dans une fosse primitive dont l'extraction est faite gratuitement par des cultivateurs qui emploient les matières comme engrais.

L'eau potable est fournie par des puits artésiens dont l'établissement revient à 50 fr. en moyenne. Les eaux ménagères sont conduites à l'égout au moyen d'un caniveau traversé, dans sa partie cachée par une chaîne qui sert à le déboucher en cas d'obstruction.

Une maison revient à M. Fanien à près de 2.000 fr., terrain compris. Il a construit lui-même comme MM. de Naeyer ; avant ces derniers, il a fait des types à façade étroite qui n'ont que 3 mètres d'axe en axe. Nous avons donné le plan de ses maisons dans notre rapport à la *Société des Ingénieurs civils*, en 1878. Jusqu'à ce jour, M. Fanien a construit 160 maisons, il les loue à des prix qui varient, suivant les dimensions, entre 1fr.75 et 2 fr. 50 par semaine. M. Fanien retire 4 0/0 net de son capital affecté à ses constructions ouvrières ; pour obtenir ce résultat, il fixe le loyer à 5 0/0 du prix de revient.

Il n'a pas réussi à vendre ses maisons par annuité ; plusieurs ouvriers, qui avaient payé la moitié de ce qu'ils devaient, ont demandé le remboursement des comptes versés. Par contre, il a rendu plusieurs de ses ouvriers propriétaires en employant le procédé suivant: ayant remarqué que beaucoup de ses ouvriers ne faisaient pas partie de la Société municipale de Secours mutuels de Lillers, il annonça que tous les ans cette Société organiserait une loterie entre ses membres qui feraient partie de l'usine Fanien, et que le gagnant recevrait une maison en toute propriété et sans frais. Grâce à cette mesure, une vingtaine d'ouvriers sont aujourd'hui propriétaires d'une maison.

M. Hoyaux à Cuesmes (Belgique). — M. Hoyaux a consacré toute sa fortune à l'établissement d'une cité ouvrière. Lorsque son œuvre sera complète, la cité se composera de 300 maisons ; jusqu'à présent, elle n'en comprend que 86, dont 12, qui ont des boutiques, ont coûté 150,000 fr., et 74, destinées à l'habitation ordinaire, sont revenues à 185,000 fr. M. Hoyaux a encore dépensé 189,343 fr. pour établir les rues, creuser un puits artésien, canaliser l'eau potable, établir des trottoirs et installer des candélabres.

La cité est habitée actuellement par 463 personnes, qui paient un loyer de 23,944 fr. La somme totale déboursée par M. Hoyaux étant de 524,343 fr., son argent lui rapporte à peine 4 0/0. Les prix payés par les locataires étant inférieurs à ceux que donnent les habitants de la commune de Cuesmes, il en est résulté une baisse sensible sur les loyers des locaux environnants. M. Hoyaux ne veut pas vendre ses maisons. Il les loue de préférence à des employés ou ouvriers de chemin de fer.

MM. Menier frères, à Noisiel. — MM. Menier ont construit tout un village pour loger les ouvriers de leur usine de Noisiel. Les maisons sont groupées par deux. Chacune d'elles se compose d'un rez-de-chaussée de deux pièces, dont l'une sert de cuisine et d'un premier divisé en deux chambres. Un petit hangar attenant à la maison contient un bûcher et des privés. Les privés sont établis suivant le système Goux. La vidange se fait moyennant 0 fr. 25 par tonneau. Un jardin de 400 mètres carrés dépend de chaque maison. M. Menier ne vend pas ses maisons ; il se contente de les louer moyennant un loyer mensuel de

12 fr. 50. Néanmoins, il est accordé aux locataires des réductions proportionnelles au temps qu'ils ont passé dans l'usine. La cité ayant été commencée en 1874, plusieurs locataires sont logés gratuitement. Chaque maison revenant à 5.000 fr., MM. Menier retirent 3 0/0 brut de l'argent qu'ils ont consacré à loger leur personnel ; les maisons sont au nombre de 500 ; elles couvrent un espace de 30 hectares, et elles ont coûté bien plus d'un million, par suite de l'établissement de belles rues garnies d'arbres, éclairées au gaz et pourvues de bornes-fontaines.

MM. Menier ont créé toute une série d'institutions de prévoyance en faveur de leur personnel. Notons, parmi celles qui intéressent l'hygiène, des lavoirs et des bains pourvus largement d'eau chaude et d'eau courante.

MM. Schneider et Cⁱᵉ, au Creusot. — Au début de la création du Creusot, M. Schneider fut obligé de construire des maisons pour loger son personnel. Aujourd'hui, l'établissement se contente de prêter sans intérêts des fonds aux ouvriers qui veulent construire eux-mêmes, et il leur donne la faculté de se libérer en plusieurs années. Jusqu'à ce jour, l'établissement a fait à ses ouvriers 2,391 avances, leur importance est de 3,292,671 francs, et celle des remboursements a été de 3,045,468 francs, de sorte qu'il ne perd plus annuellement que l'intérêt de 227,203 francs. Nous avons donné dans l'ouvrage *les Habitations ouvrières en tous Pays*, des plans de la cité Sainte-Marie. Les maisons de cette cité, pas plus que celles de Mazenay, de la Villedieu et de Saint-Eugène, dont les plans ont été exposés par la Société, ne peuvent être citées comme des modèles à imiter.

Société anonyme de la Vieille-Montagne. — La *Société de la Vieille-Montagne* a employé, pour loger ses ouvriers, tous les procédés qui ont été imaginés pour faciliter au locataire l'acquisition d'un foyer. Ainsi, elle a morcelé des terrains et les a vendus aux ouvriers, en leur faisant des avances remboursables à longues échéances ; dans quelques cas, elle a fourni à l'ouvrier propriétaire d'un terrain des matériaux à prix de revient, et enfin elle a bâti elle-même des maisons, qu'elle a revendues à prix de revient, par annuités.

En suivant ces méthodes, la Société a facilité l'acquisition d'une maison à près de mille de ses contre-maîtres et ouvriers.

Les habitations de la Société sont disséminées sur toute la surface de l'Europe, depuis la Suisse jusqu'à l'Algérie ; par suite, elles sont très diverses, suivant les pays où elles ont été construites, ainsi qu'on a pu en juger par les plans et les photographies qui ont été exposés dans le type du logement d'ouvrier construit en grandeur naturelle à l'Esplanade des Invalides. Les maisons analogues à celle qui fut exposée existent en grand nombre aux environs des fonderies de Valentin Cocq, en Belgique, et de Viviez, en France. Dans ces usines, l'ouvrier ne travaille que dix heures par jour ; en général, il est libre le matin à onze heures ou à midi et il emploie le reste de sa journée à cultiver une petite ferme dont le prix varie de 3,000 à 7,000 fr. Beaucoup d'ouvriers élèvent une vache, presque tous ont un porc, et dans le pays des Wallons, ils élèvent des pigeons.

Ils ne tiennent pas à devenir propriétaires, c'est pourquoi la Société a construit des maisons pour les loger là où le besoin s'en faisait sentir. Après quelques essais, des groupes de deux et de quatre maisons ont été construits et on a fait servir une habitation à un seul ménage. Lorsque des terrains existent autour des maisons, ils sont divisés et généralement la jouissance gratuite en est donnée aux locataires. La Société a également acheté des immeubles qu'elle a appropriés soit pour des célibataires, soit pour des ménages, et elle les a loués de façon à empêcher dans le pays une surélévation des loyers. Enfin, elle a déterminé des entrepreneurs à construire, suivant des plans imposés par elle, en leur garantissant un loyer rémunérateur pendant un certain nombre d'années.

Les maisons sont louées au mois, avec faculté de se donner réciproquement congé un mois à l'avance. Le loyer varie de 80 à 100 fr. par an ; il est toujours inférieur au dixième du salaire gagné par le père de famille. Le locataire est obligé de tenir sa maison proprement. L'observation des règles de l'hygiène est obtenue, grâce à la surveillance exercée par une commission, composée de contre-maîtres et d'ouvriers, qui visite régulièrement les logements.

Société anonyme des Habitations ouvrières de Passy-Auteuil. — Cette Société a exposé les plans de ses

— 129 —

habitations construites impasse Boileau. Les maisons sont à rez-de-chaussée, à un ou deux étages. La Société a émis des obligations rapportant 4 0/0 d'intérêts ; le produit de l'émission a servi à construire un nouveau groupe de maisons. Jusqu'à présent, la Société n'a pu distribuer le dividende maximum de 4 0/0 limité par les statuts.

Avec la maquette qu'elle a exposée on peut se rendre compte du système du tout à l'égout qui fonctionne à la satisfaction générale.

Grâce au dévouement des membres de son conseil d'administration, parmi lesquels figurent MM. Dietz-Monnin, Siegfried, Cheysson, Kloz, Zoppf, G. Picot, etc., la Société de Passy-Auteuil a rendu beaucoup de services et elle a beaucoup contribué au développement de l'étude de la question des habitations ouvrières en France et à l'étranger.

Société anonyme immobilière des petits Logements de Rouen. — La *Société immobilière des petits Logements de Rouen* a exposé les plans d'exécution des maisons à étages qu'elle a fait construire rue d'Alsace-Lorraine. Les étages sont bien distribués; les privés sont établis suivant le système du tout à l'égout; il existe des trous à ordures pour envoyer les détritus du ménage dans un réduit du rez-de-chaussée ; l'eau et le gaz sont installés à tous les étages, ainsi que des masses de fonte qui permettent de casser le bois sans inconvénient. Des caves et des greniers sont à la disposition des locataires qui ont en outre droit à la jouissance d'un pressoir à cidre moyennant une légère rétribution. Il a été réservé, pour l'usage des locataires, une salle pouvant servir de dépôt mortuaire ou pour des malades atteints de maladies contagieuses.

Le prix de revient des constructions a été de 463,377 francs. Les bâtiments comprennent 64 caves, 15 boutiques, 4 appartements au rez-de-chaussée, 20 logements, 80 greniers, et 24 buanderies sont mises à la disposition des locataires, ainsi que 10 *étentes de linge* pour ceux qui n'ont pas de grenier.

Le nombre des locataires est de 90 environ.

Le produit brut des loyers est de.............. 24,328'22
Le produit des charges de.................... 10,504 89
Le produit net ne représente que............. 13,823 33

9

soit 3 0/0 de la valeur du capital (460,000 fr.) employé pour édifier les bâtiments. Les constructions font le plus grand honneur à M. Lecœur, ingénieur-architecte, et il faut attribuer les heureux résultats obtenus par la *Société immobilière de Rouen* à ses fondateurs, MM. G. Picot, L. Picard et E. Baron.

Societa édificatrice de Milano (Italie). — La *Societa édificatrice de Milan* a exposé un modèle en bois représentant le type des maisons à étages qu'elle a construites. En 1878, la Société avait édifié 22 maisons qui ont coûté une somme de 813,889 fr. Les maisons rapportent brut 45,784 fr., ce qui permet de donner un dividende de 5 0/0 aux actionnaires. Le prix du mètre carré d'une maison à quatre étages revient à 182 francs.

Société de Mariemont et Bascoup. — La *Société de Mariemont et de Bascoup* a construit pour loger ses ouvriers 350 maisons pendant la période qui s'est écoulée de 1840 à 1888. Les maisons sont occupées par un seul ménage composé en moyenne de 5,35 personnes. Les maisons sont groupées par quartier de six ou douze. L'eau est fournie par des puits ; les eaux ménagères et les vidanges sont employées pour la culture dans les jardins.

Il est interdit aux locataires d'exercer un commerce dans ces maisons sans l'autorisation de la Société. Il leur est également défendu de prendre des pensionnaires sans autorisation écrite. Le jour où le pensionnaire serait occupé dans un autre établissement que ceux de la Société, l'autorisation deviendrait nulle. La même défense s'applique aux parents du chef de famille, autres que le père ou la mère, les enfants non mariés et les petits enfants orphelins.

La Société exécute à ses frais : le masticage et la peinture à deux couches de toutes les menuiseries intérieures et extérieures, au moins une fois tous les cinq ans ; le remplacement des menuiseries pourries et des serrureries usées, l'entretien des toitures, nochères et tuyaux de descente ; les réparations et nettoyage des puits, pompes, citernes, conduites d'eau et fontaines, les réparations des fours, le remplacement des clôtures sèches et pourries et les réparations dues aux travaux souterrains de charbonnage.

De leur côté, les locataires sont tenus de faire les travaux intérieurs de peinture et de tenture, ainsi que de faire remplacer les ferrures brisées et les vitres cassées. Ils ont également à leur charge la réparation des planchers, des menuiseries, des toitures, nochères et descentes détériorées par la malveillance ou le défaut de soin ; l'entretien des réservoirs d'eau, celui des haies vives et des clôtures sèches.

Les locataires peuvent disposer en commun d'un four établi par groupe de huit maisons, à la condition de le nettoyer alternativement une fois par semaine. Il est interdit de laisser du bois tant dans les fournils que dans les fours.

Les maisons doivent être tenues proprement. Lorsque cette condition n'est pas remplie, le chef de section des constructions fait procéder au nettoyage d'office.

Chaque locataire doit maintenir en bon état de propreté la partie de la rue qui borde sa façade. Il est défendu de déposer des cendres, des ordures, aussi bien dans les rues que dans le passage, autour des habitations. En hiver, il est interdit de laisser couler de l'eau dans les rues, et en temps de neige et de verglas, les locataires doivent répandre des cendres devant leurs maisons, de manière à faire un chemin au milieu de la route.

Diverses autres prescriptions sont relatives aux animaux domestiques, à l'emploi de l'eau de pluie, aux constructions à établir dans les jardins, aux querelles entre voisins, etc.

Des employés spéciaux sont chargés de faire observer le règlement imposé aux locataires.

La Société a mis des maisons à la disposition des ouvriers qui veulent les acquérir par annuités ; 20 0/0 d'entre eux ont profité de cette facilité.

Société des Charbonnages du Bois-du-Luc. — La Société a été fondée en 1685. — En 1838, l'assemblée générale des actionnaires décida la création de Bosquet-Ville, qui compte 166 maisons, disposées en quatre bataillons carrés. Les rues secondaires ont douze mètres de large, et on a donné à la rue principale une largeur de 24 mètres. Chaque maison est composée de deux pièces au rez-de-chaussée et de deux autres à l'étage. Elle est habitée par un seul ménage, qui a en outre la jouissance

d'un jardin de 250 mètres. La famille peut prendre deux locataires au maximum.

La Société loue en outre 169 maisons disposées par groupes
d'importance variable le long d'une route, jusqu'à une distance
d'un kilomètre de la cité principale.

La population est de 335 maisons et de 1,769 habitants ; elles
sont louées à raison de 6 fr. 50 à 9 fr. 50 par mois, suivant leur
situation et leur prix de revient qui varie de 1,700 à 2,200 fr.
· La valeur du loyer que nous indiquons comprend la
fourniture du gaz, dont le prix est évalué à 1 fr. 50 par mois.
Toutes les contributions sont payées par la Société. Les habitants
ont de plus la jouissance en commun d'un four établi par groupe
de sept maisons et on leur procure gratuitement l'eau potable
extraite d'un puits qui a 105 mètres de profondeur ; ils ont à
leur disposition l'eau chaude qui provient du condenseur d'une
machine de 300 chevaux.

Lorsque les pensionnaires des locataires ou lorsque des membres de leur famille vont travailler dans un autre établissement,
le prix du loyer est majoré de trois francs par tête et par mois.

L'entretien des maisons en bon état de propreté est assuré
par des agents de la Société.

Quelques ouvriers placent leurs économies à la Caisse d'épargne
pour se procurer un capital qui leur permette d'acheter un
terrain et de bâtir à leur guise.

Société des Logements économiques de Lyon. —
La *Société des Logements économiques de Lyon* a été fondée
en 1886 par MM. Aynard, Gillet et Mangini frères, dans le but
d'établir dans cette ville, aussi économiquement que possible, des
petits logements très complets sous le rapport de l'hygiène. Les
associés s'interdisent par leurs statuts de toucher plus de 4 0/0
de l'argent dépensé pour ces constructions. Ils commencèrent
par élever, moyennant 117,027 fr. 23, cinq maisons contenant
60 logements, qui furent loués immédiatement.

Le revenu brut des loyers fut de..... 12,000 fr.
Celui des charges .... 3,045 »

Les maisons produisirent un revenu net de. 8,955 fr.
qui permit de distribuer un dividende de 4 0/0 aux actionnaires.

La Société construisit un nouveau groupe de maisons qu'elle exploite tout aussi avantageusement. Les associés décidèrent alors de transformer leur Société en Société anonyme au capital de un million. La Caisse d'épargne de Lyon souscrivit la moitié des actions, à la condition qu'elle serait représentée dans le Conseil d'administration par un nombre de ses directeurs égal à celui des dixièmes du fonds social qu'elle possédait. Avec ces nouvelles ressources, la Société porte le nombre de ses immeubles à vingt-sept. Les résultats étant de plus en plus favorables, la Société vient de porter son capital à deux millions et la Caisse d'épargne s'est engagée à souscrire mille actions. La ville de Lyon a contribué au succès de la Société eu ne lui faisant pas payer les frais de viabilité des rues en bordure desquelles plusieurs de ces maisons ouvrières sont construites.

Société havraise des Cités ouvrières. — La *Société havraise des Cités ouvrières* a été fondée, par M. Jules Siegfried, au capital de 200,000 fr. Le dividende à distribuer aux actionnaires a été limité par les statuts au taux modéré de 4 0/0 l'an. La Société construit des maisons pour les vendre par annuités; elle avait envoyé à l'Exposition une maquette représentant le type adopté pour ses constructions et des plans représentant un groupe de deux maisons et la disposition générale de la Cité.

Ces constructions sont groupées par deux ; elles sont vendues de 3,000 à 6,000 fr., suivant la grandeur des jardins qui en dépendent. Les acquéreurs doivent disposer d'une somme de 300 francs pour obtenir la jouissance d'une maison, et, lorsqu'ils ont payé le tiers du prix d'acquisition, la Société leur consent un acte de vente notarié. Jusqu'à présent, il a été construit 117 maisons ; 65 ont été vendues et sont entièrement soldées ; d'autres sont en partie payées et toutes sont occupées. La ville du Havre a contribué au succès de la Société en lui accordant une subvention de 25,000 fr. et en se chargeant de l'empierrement des chaussées, de l'établissement des trottoirs, ainsi que de l'installation de l'eau et du gaz.

Société internationale des Etudes pratiques d'économie sociale. — La *Société internationale d'économie sociale* a beaucoup contribué aux travaux qui ont eu pour but l'amélioration des habitations ouvrières en France. M. E. Cacheux rappela l'attention de la Société sur cette question, discutée autrefois par MM. Jules Simon, Passy, Lavollée, Wolowski, Le Play, en adressant en 1880, un rapport sur les habitations ouvrières en tous pays. A partir de ce moment, tous les ans, la Société s'occupa de cette question, soit en allant visiter sur place des maisons ouvrières, soit en insérant dans son bulletin des communications relatives aux petits logements.

Dans ces derniers temps, la *Société d'économie sociale* a fait une enquête complète sur les habitations ouvrières, à l'aide d'un questionnaire inspiré par celui qu'avait élaboré la Commission officielle nommée par le gouvernement belge pour étudier les conditions du travail dans ce pays.

Les réponses firent connaître des détails très intéressants sur les Sociétés immobilières de Nancy, d'Orléans, d'Italie. La *Société d'économie sociale* prit une grande part à l'organisation de la section d'économie sociale qui eut tant de succès en 1889, car presque tous les membres des comités d'organisation furent choisis dans le sein de cette Société.

Société liégeoise des Maisons ouvrières. — La *Société liégeoise* des habitations ouvrières a été autorisée par arrêté royal du 27 septembre 1867. Son capital social est de 1,502,500 francs, divisé en actions de 500 francs entièrement libérées. La Société commença d'abord par faire des maisons analogues a celles de Mulhouse et groupées par quatre ; mais elle renonça à ce système et elle employa le type à face étroite avec jardin devant et cour derrière. La Société a construit, depuis sa fondation, 431 maisons, qui ont coûté 2,988,225 fr. La Société a vendu 216 maisons, elle en a loué 204. La valeur des rentrées qu'elle a faites, soit une somme de 250,000 fr. environ, jointes à l'emprunt par voie d'obligations d'une somme de 610,850 fr. 37, lui ont permis de faire face à toutes ses dépenses. Le roi Léopold a témoigné sa sympathie à la Société en souscrivant plusieurs actions ; les actionnaires ont touché pendant quelque temps un dividende de 4 0/0 ; la ville de Liège a prêté une somme de 500,000 francs au taux de 4 0/0 ; la Caisse de prévoyance des ouvriers a souscrit plusieurs obligations ; mais depuis un certain nombre d'années, les actions ne rapportent plus que 2 1/2 0/0 l'an.

Société philanthropique de Paris. — Grâce à un don de 600 mille francs fait par MM. Heine, la *Société philanthropique* put réaliser à Paris l'œuvre Peabody, qui a eu tant de succès en Angleterre. Elle commença par établir, rue Jeanne d'Arc, une maison divisée en logements de deux pièces, puis, voyant le succès qu'obtenaient ses logements, elle en construisit une boulevard de Grenelle. Dans ce dernier immeuble, les logements ont trois pièces. Les loyers sont basés sur 5, 6 0/0 du prix de revient. La Société suppose qu'il lui suffira de 1.6 0/0 pour tenir compte des charges et retirer un bénéfice net de 4 0/0, qui servira à établir de nouvelles maisons. Grâce aux dons qui ont été faits, la Société commence un troisième immeuble, avenue de Saint-Mandé.

La Société a exposé les plans de ses maisons construites rue Jeanne d'Arc et boulevard de Grenelle, ainsi que les plans de ses trois asiles de nuit, dont l'un est destiné spécialement aux femmes.

Société rouennaise des Logements à bon marché. — La *Société rouennaise des Logements à bon marché* est calquée sur celles de Mulhouse, du Havre et de Bolbec ; elle a pour objet de vendre par annuités des petites maisons. La Société a exposé une maquette représentant un de ses types, et un plan d'ensemble de ses constructions. Le type exposé par la Société est analogue à ceux dits à façade étroite, que l'on construit dans le Nord en si grande quantité.

Les actionnaires se sont interdit par leurs statuts de toucher un dividende supérieur à 4 0/0. Les opérations de la Société ont été jusqu'ici peu importantes ; nous espérons que la médaille d'or qui lui a été décernée donnera un grand essor à ses constructions.

MM. Solvay et Cⁱᵉ. — **Etablissement de Dombasles.** — Les employés et contre-maîtres sont logés gratuitement dans des maisons qui coûtent de 4.500 à 25,000 fr. Les ouvriers habitent des maisons de 3,500 à 3,800 fr. ; ils paient un loyer de 144 francs par an. Le montant des charges est de 1 1/2 0/0 du capital, soit de 50 à 60 francs.

Chaque maison se compose de trois pièces, d'une cuisine et d'un jardin de 175 à 200 mètres. Les frais de clôture, de trottoirs et de rues s'élèvent à 180 francs par maison. Le terrain vaut 160 francs. Ces frais sont compris dans les prix de revient des maisons que nous avons indiqués.

L'eau potable est fournie par une galerie filtrante établie dans le gravier à 250 mètres de distance de la Meurthe. L'eau est élevée par une pompe à vapeur dans un réservoir de 125 mètres de capacité, d'où elle est prise pour être distribuée à l'aide de bornes-fontaines et de fontaines continues.

Les eaux ménagères sont écoulées à ciel ouvert par des caniveaux, situés le long des trottoirs, soit dans un cours d'eau, soit dans un aqueduc en communication avec la rivière.

La vidange est recueillie dans des fosses ; elle est extraite aux frais de la Société, avec une pompe et des tonneaux-réservoirs système Keiser. La Société accorde une remise sur les loyers aux ouvriers chargés de famille qui ont un certain temps de service compté après l'âge de vingt ans.

Il est fait des réductions variant de 20 à 80 0/0, suivant que les ouvriers ont de cinq ans à vingt ans de services et de deux à six enfants à leur charge. Lorsqu'un enfant travaille, on diminue de deux le nombre de ceux qui sont à la charge de la famille pour évaluer la réduction à lui faire.

Une moitié de la remise est versée à l'ouvrier ; l'autre moitié est placée à la Caisse d'épargne pendant cinq ans.

La *Société Solvay et Cie* a exposé une très belle maquette représentant l'ensemble de sa cité ouvrière. Le capital total engagé dans ses constructions ouvrières est de 980,000 francs. La Société donne aux ouvriers méritants la jouissance gratuite de logements qui valent 135,000 francs.

Le revenu brut des maisons louées est de 25,000 francs, et le rapport net de 12,000 francs.

MÉDAILLES D'ARGENT. — Bureau de bienfaisance de Mons. — L'administrateur du Bureau de bienfaisance de Mons a construit 50 maisons. Les maisons sont louées moyennant un loyer mensuel qui varie de 13 à 18 fr. par mois, suivant qu'elles sont situées à l'angle d'un groupe ou qu'elles sont accolées à deux autres. Lorsque le loyer est payé exactement à l'échéance, il est diminué d'un franc Les maisons sont habitées par 250 personnes ; par suite, une maison contient en moyenne 5 personnes. Le prix total des constructions est revenu à 138,098 francs ; le revenu brut est de 7,654, le revenu net est de 6,000 francs environ. La ville a contribué au succès de l'opération en dépensant 6,000 francs pour des travaux de voirie ; elle se charge également de l'éclairage des rues, et elle fournit l'eau, au moyen de bornes-fontaines, moyennant une redevance annuelle de 4 francs par maison.

Bureau de bienfaisance de Vawre. — Le bureau de bienfaisance de Wawre a commencé à construire, en 1869, des habitations ouvrières destinées à être vendues par annuités. Jusqu'à présent, elle en a vendu douze ; le prix des maisons et du terrain a été de 90,730 francs. Le prix d'une maison a varié de 1,600 à 2,000 francs. Les locataires peuvent les acquérir en payant une annuité dont le montant ne dépasse pas celui du loyer d'une maison analogue, soit 10 à 12 francs par mois. L'annuité à payer est fixée à 7,60 du prix de revient de la maison. L'intérêt du capital, calculé au taux de 4 0/0, est prélevé sur le loyer. Le reste, après déduction des frais, est capitalisé au taux de 5 0/0 au compte du locataire. Lorsque celui-ci habite la maison pendant dix ans, il peut s'en rendre acquéreur en escomptant au taux de 4 0/0 l'an, le solde de ce qu'il reste devoir.

Les maisons du bureau de Wawre contiennent deux chambres au rez-de-chaussée et deux autres au premier étage. Elles sont habitées par une population moyenne de six personnes. La séparation des sexes est parfaite : les dépendances de l'habitation consistent en un privé et une remise ; de plus, les occupants ont la faculté de louer à prix réduits une pièce de terre à proximité de leur maison, dont le produit leur permet de payer la moitié de la valeur de l'annuité exigée pour le paiement de la maison.

Les résultats matériels et moraux constatés par M. Max Dongall, le dévoué secrétaire-receveur du Bureau de bienfaisance de Wawre sont les suivants : la vie intérieure des ouvriers est plus digne et plus morale quand ils habitent les maisons du bureau ; il règne dans leur ménage une plus grande propreté ; ils se nourrissent mieux et plus régulièrement ; ils font plus d'économies ; ils sont plus rangés et ils surveillent mieux leurs enfants.

Fondation Dickson, à Gothembourg (Suède). — M. Robert Dickson a consacré 500,000 francs à la création de maisons contenant 107 logements de une ou deux pièces, avec dépendances. Le loyer mensuel d'un petit logement varie de 16 à 20 francs par mois, suivant qu'il est composé d'une cuisine avec une ou deux pièces. Les neuf dixièmes du produit net des maisons est destiné à la construction de nouvelles habitations. L'autre dixième est consacré à d'autres œuvres de bienfaisance. La fondation Dickson a produit d'excellents résultats à Gothembourg, car elle a fait baisser le prix des loyers et elle a contribué beaucoup à l'amélioration des petits logements. En 1885, le nombre des maisons à deux étages était de 58, divisées en 339 logements habités par 1,490 personnes.

M. Régis Faure, ingénieur à Clermont-Ferrand. — M. Régis Faure s'est occupé beaucoup de la réforme des petits logements, d'abord en mettant cette question à l'ordre du jour du Congrès des *Unions de la paix sociale* de l'Auvergne et du Velay qui fut réuni à Clermont-Ferrand, en 1888 ; puis en construisant une petite cité dans cette ville.

La cité est remarquable par la diversité des types que l'on y trouve, c'est pour ainsi dire un musée départemental d'habitations commodes, salubres et à bon marché.

M. Fumière, architecte (Belgique). — M. Fumière a exposé un petit traité intitulé : *Du moyen d'améliorer le sort de l'ouvrier*, en lui donnant les facilités de devenir immédiatement propriétaire d'une jolie maison avec jardin, sans mise première de fonds.

M. Géliot, à Plainfaing (France). — M. Géliot exposa la maquette d'une maison destinée à loger ses ouvriers. La maison est remarquable par la simplicité de la distribution et par la solidité des matériaux. Les murs ont 0^m60 d'épaisseur ; les marches d'escalier sont en chêne. Le prix de revient d'une chambre est de 600 francs. Les logements sont loués de façon à faire rapporter 4 0/0 au capital. Le loyer d'une chambre est de 2 fr. 50 par mois; la jouissance de la cave, du grenier et du jardin est gratuite. M. Géliot a construit jusqu'à présent 26 maisons habitées par 206 ménages. Chaque ménage a deux, trois ou quatre pièces à sa disposition. ainsi qu'un petit grenier, une cave et un petit jardin. Le chauffage du logement est obtenu à l'aide d'une seule cheminée. Les privés sont placés à l'extérieur des maisons. Les eaux potables sont fournies soit par des puits, soit par des sources. Les eaux ménagères sont enlevées à l'aide d'un égout ; la vidange est employée dans les jardins.

M. Hall (Grande-Bretagne). — M. Hall a construit une cinquantaine de maisons pour loger les ouvriers qu'il emploie dans son exploitation agricole, et il en a aménagé une trentaine. Chaque maison se compose au rez-de-chaussée de deux pièces, cuisine et parloir, et à l'étage de trois chambres à coucher.

Les dépendances se composent d'une buanderie, d'un four, d'un privé en terre sèche et d'un jardin.

Le prix de location d'une maison est de 100 francs par an. Le locataire a la faculté de louer des lots de terrain attenant à l'habitation, moyennant un prix de 20 francs par 20 ares. L'eau est fournie par des puits.

Le jury a voulu récompenser M. Hall de ce qu'il a bien voulu lui donner un aperçu des nombreuses habitations agricoles qui existent en Angleterre.

M. Hoole, à Londres (Grande Bretagne). — M. Hoole, architecte, a présenté les plans d'exécution d'un groupe de maisons à étages qu'il a fait construire à Londres.

M. Hubin (Félix), Harfleur (France). — M. Félix Hubin a construit vingt maisons pour loger 200 ouvriers. Elles sont groupées par deux et orientées de façon qu'il n'y ait pas de chambre exposée au nord. Le type principal est divisé comme suit : le rez-de-chaussée comprend une pièce et un cellier ; le premier étage, deux pièces ; le second, une pièce et un grenier. Un jardin de 250 mètres dépend de chaque maison. L'habitation préférée par les ouvriers comprend, au rez-de-chaussée : une salle à manger, cuisine, un cellier pouvant être aménagé en chambre à coucher, un appentis et des privés ; l'étage mansardé est divisé en deux pièces.

Chaque logement du premier type revient à 3,750 fr., il est loué à raison de 143 fr. par an, ce qui donne un produit brut de 3,8 0/0 par an ; le prix de revient du second type est de 3,000 fr. il est loué 110 francs.

Chaque ménage a la jouissance d'un jardin de 120 mètres environ.

L'eau potable est fournie par des fontaines ; les vidanges sont recueillies dans des tinettes et utilisées comme engrais. Les charges relatives à chaque maison varient de 60 à 75 francs par an ; dans cette évaluation il faut compter les impôts pour une somme qui varie de 40 à 50 francs par maison.

Société Immobilière Namuroise. — L'*Immobilière namuroise* fut fondée le 24 novembre 1877 pour faciliter à ses membres l'acquisition de terrains et de maisons. Un capital de 29,060 fr. 53 fut réuni à cet effet, et il servit à construire dix maisons comprenant chacune une cave, une chambre et une cuisine au rez-de-chaussée ; à l'étage, une grande chambre et un réduit. Une cour et un jardin dépendant de chaque maison. Une maison est louée à raison de 16 francs par mois, aucun amateur ne s'est présenté jusqu'ici pour en acquérir par annuités.

La Société est coopérative ; elle a de plus la forme civile. Les membres s'engagent à se constituer un capital de 100 francs au minimum et de 1,000 francs au maximum. L'apport des sociétaires peut être versé en une ou plusieurs fois et notamment par fractions mensuelles du vingtième de la souscription jusqu'au complément d'une action de 100 francs ; les dividentes revenant à cette action sont portés au compte du sociétaire.

M. Lebon, à Nivelles. — M. le docteur Lebon a exposé les plans des douze maisons que fit construire, en 1859, le bureau de bienfaisance de Nivelles. Les maisons sont juxtaposées et adossées. L'architecte, M. Carlier, adopta cette disposition pour éviter aux habitants les courants d'air, toujours si pernicieux dans une maison à deux étages, et les courettes intérieures, qui sont presque toujours des foyers d'insalubrité. Pour ventiler les logements, l'architecte disposa des tuyaux à côté des conduites de cheminée. Chaque maison est appropriée pour le logement d'une famille et est vendue suivant le système de Nivelles, que nous avons expliqué précédemment.

Le prix de revient de chaque maison a été de 1,621 fr. Le prix du loyer annuel comprenait l'intérêt annuel de cette somme et la location d'un terrain de 159 mètres de superficie, soit 2 fr. 25, le montant de l'assurance contre l'incendie, 0 fr. 08, et la valeur de l'entretien des bâtiments, fixée à 7 fr. 50.

Dès le 1er mars 1861, toutes les maisons étaient vendues, les jardins mis en culture, et le 26 octobre 1884, le premier magistrat de la cité de Nivelles remettait, en assemblée générale, les titres de propriété aux locataires tous devenus propriétaires de leur demeure grâce à leur ordre et à leur économie.

Ces heureux résultats étant dus en grande partie à M. le docteur Lebon, président du Bureau de Bienfaisance, le jury de l'Exposition d'Economie Sociale voulut à son tour rendre hommage à cet homme de bien.

M. Aloïs Meisner, ingénieur à Buda-Pesth. — M. Aloïs Meisner, ingénieur de la Compagnie des Chemins de fer austro-hongrois, consacre depuis de longues années ses vacances à faire de nombreux voyages en Europe pour étudier les habitations ouvrières et il a résumé les résultats de ses études dans un ouvrage intitulé : *Les Habitations du peuple à la fin du XIXe siècle*. Il a exposé les planches de ce beau travail dans une des salles de l'Exposition d'économie sociale, et c'est ainsi que nous avons pu nous rendre compte des dispositions prises pour loger les colons de Wilhelmsdorff (célèbre dépôt de mendicité allemand), les pêcheurs de Scheveningue, les travailleurs de Salonique, etc., les ouvriers des principales usines de l'Europe (Krupp, le Creusot) et les classes laborieuses de nos grandes cités.

MM. Naud et Cie (France). — MM. Naud et Cie ont contribué à diminuer l'encombrement de la ville de Paris en créant à ses portes le village de Billancourt. Ils ont établi des rues macadamisées, munies d'égouts et bien éclairées ; puis ils ont construit plusieurs villas suivant des types variés pour loger des ouvriers et des employés. Les maisons sont vendues à prix coûtant, par annuités, dont la valeur est calculée de façon à faire rapporter un taux de 5 0/0 l'an au capital déboursé.

M. Rey, manufacturier à Ruysbrœck (Belgique). — M. Rey aîné a construit cent maisons pour loger ses ouvriers. Chaque maison doit être habitée par une seule famille qui paie un loyer dont l'importance est fixée aux deux tiers de sa valeur réelle. Un jardin dépend de l'habitation.

M. Rey ne vend pas ses maisons ; par contre, il fait des avances sans intérêts aux ouvriers qui veulent construire et il leur donne la facilité de le rembourser par petits versements.

MM. Saint frères. — MM. Saint frères, manufacturiers, ont construit 453 maisons. Le prix moyen de ces habitations est de 2,400 francs. La valeur de leur loyer varie de 52 à 80 fr. par an suivant les pays et les types adoptés. Chaque maison a quatre pièces dont une sert de cuisine.

Société anonyme de Marcinelle et Couillet (Belgique). — La *Société Marcinelle et Couillet* a construit 156 maisons, elle en a vendu 24 aux ouvriers. Les maisons sont louées de 8 à 13 francs par mois, elles coûtent de 1,600 à 3,000 francs. L'acquéreur paie comptant un cinquième du prix ainsi que les frais de notaire ; le solde est payable par fractions en tenant compte au vendeur d'un intérêt de 4 %. Lorsque l'acquéreur quitte les ateliers de la Société pour aller travailler ailleurs, la Société se réserve le droit de lui faire payer un intérêt de 6 % l'an, pour les sommes qui restent dues.

Lorsqu'un ouvrier est propriétaire d'un terrain, la Société construit sur sa demande une maison dont le coût ne dépasse pas 2 600 francs, et elle se fait restituer ses avances par annuités.

En cas de décès de l'ouvrier, la Société rembourse à la veuve, si elle le désire, les acomptes versés et elle reprend la maison.

Société des Cités ouvrières de Bolbec. — La *Société des Cités ouvrières de Bolbec* a été créée par M. Jules Siegfried. Elle a construit des maisons à rez-de-chaussée, dont nous donnons un spécimen dans nos planches, et des groupes de deux maisons à un étage. Le dividende desservi aux actionnaires est limité au taux de 4 0/0 l'an. Les fonctions des administrateurs sont gratuites.

La Société a construit jusqu'à ce jour 24 maisons, dont les prix varient de 2,000 à 3,300 francs.

Société des Cités ouvrières d'Amiens. — La Société des cités ouvrières d'Amiens a été fondée en 1866 dans le but :

1° De bâtir des maisons pour les ouvriers et de les leur revendre au prix de revient. moyennant une légère augmentation sur le loyer ;

2° De créer un nouveau quartier reliant deux des principaux faubourgs d'Amiens jusque-là séparés par une vaste propriété.

La Société, fondée au capital de 300.000 francs, a limité le dividende à desservir aux actionnaires, au taux de 5 0/0 l'an. Une somme de 162.000 francs a été consacrée à l'acquisition du terrain qu'elle a loti en y perçant un boulevard et douze rues.

Les quatre vingt-cinq maisons élevées suivant divers types furent louées et vendues à prix coûtant par annuités. Pour devenir propriétaire il fallait payer comptant une somme de 300 francs et une somme hebdomadaire variant de 4.15 à 4.75. La ville s'est engagée à donner une prime de 100 francs aux cent premiers acheteurs. Plus tard, la Société donna un terrain valant 28.000 francs pour y élever une église et elle revendit par lots le reste de sa propriété. Avec son capital elle dépensa 1 374.996 fr. 96 et avec les bénéfices qu'elle réalisa s'élevant à 189.141 fr. 27, elle construisit une école ménagère. Les résultats obtenus sont dus en grande partie au dévoué président de la Société, M. Charles Labbé.

Société immobilière d'Orléans. — La *Société coopérative immobilière d'Orléans* a été fondée en 1879, par deux ouvriers intelligents, dans le but de multiplier les petits logements et de donner aux travailleurs la facilité de devenir propriétaires en payant le prix d'une maison par annuités.

La Société construit des maisons sur des terrains qui appartiennent à ses clients. Dans ce cas elle leur donne la facilité de se libérer en vingt-cinq années en payant une annuité calculée à raison de 7.10 0/0 du prix de vente, ce qui permet d'attribuer au capital un intérêt de 5 0/0. Pour diminuer la durée du remboursement et pour augmenter son fonds de roulement, la Société cède son privilège d'entrepreneur à des bailleurs de fonds qui se contentent d'un intérêt de 4 1/2 0/0. La Société n'a plus qu'une deuxième hypothèque sur la propriété de son client, par contre, ce dernier n'a plus à payer qu'une annuité de 6.75 0/0 de la somme représentant au moins la moitié de la valeur de l'immeuble. Cette combinaison ne rompt pas les conditions de libération de l'emprunteur, et, lorsqu'il est libéré de la Société, le fait bénéficier d'un intérêt de 4 1/2 0/0 pour ses versements.

Lorsque l'acquéreur n'a pas de terrain, la Société traite avec lui et construit une maison qu'elle loue sur plan avec promesse de vente.

Une maquette exposée représentait le type de maison le plus apprécié par les Orléanais ; c'est une construction à façade étroite D'ailleurs, la Société a élevé ses maisons suivant un grand nombre de types distincts ; en général, elles ont deux étages. Le montant de l'annuité exigé de l'acquéreur diffère très peu de la valeur locative et cet acquéreur peut sous-louer souvent une grande partie de la maison. Il est ainsi logé presque gratuitement ; mais, par contre, l'hygiène souffre de cet état de choses.

Quoique ne disposant d'aucun avoir, les deux fondateurs de la Société d'Orléans sont parvenus à faire souscrire un capital de 425,900 francs. Avec cette somme et les rentrées provenant des ventes, la Société a construit 203 maisons qui ont coûté 2,200,000 fr. Aujourd'hui, la construction des maisons est à peu près arrêtée, car l'encombrement que l'on constatait à Orléans a disparu. Les fondateurs de la Société ont donc atteint un des plus beaux résultats qu'ils visaient : savoir procurer aux travailleurs des logements salubres et à bon marché.

Société rémoise pour l'amélioration des logements à bon marché. — La *Société rémoise* a exposé une petite maquette représentant le type d'habitations qu'elle a adopté. Il se compose d'un pavillon contenant huit logements complètement indépendants dont quatre sont au rez-de-chaussée et les autres au premier étage. Cette disposition, dont nous donnons un spécimen dans nos planches, permet d'avoir les logements sur le même palier. Il y a aussi des maisons séparées.

La Société, fondée au capital de 500,000 fr., divisé en actions de 500 fr., dont les trois quarts ont été versés, se propose un double but : elle construit des maisons qu'elle exploite et elle loue des immeubles qu'elle sous-loue après les avoir améliorés.

Tènement Building and Cᵒ, New - York. — Les maisons modèles de New-York ont été construites, en 1876, par M. White, architecte, pour le compte de la Société des habitations ouvrières de cette ville. Le plan adopté est celui des maisons de *The Improved dwellings Company* de Londres. La Société, qui a rendu de grands services à la population ouvrière de Brootlynn, logeait 135 familles et 539 personnes.

M. Van den Bos (Belgique). — M. Léon Van den Bos a exposé un ouvrage intitulé : *Du logement de l'ouvrier.* Ce beau travail fut couronné, en 1886, à la suite d'un concours organisé par le *Cercle commercial et industriel de Gand.*

M. Van Marken. à Delft. — M. Van Marken, à Delft, exposa en relief la cité qu'il a construite pour loger ses ouvriers. Les habitations destinées aux ouvriers de l'usine ont été construites suivant le système de Mulhouse dans le parc Agneta, où M. Van Marken a établi sa demeure. Les habitations ouvrières ont un très bel aspect ; elles sont abondamment pourvues d'eau, elles sont louées moyennant un loyer hebdomadaire qui varie de 4 fr. 60 à 8 fr. 10. Le prix de revient des maisons les plus petites est de 2,700 fr.

Malgré les avantages offerts aux ouvriers, beaucoup d'entre eux hésitent à vivre près du patron, c'est pourquoi sur 300 familles dont les chefs sont employés dans l'usine de Delft, 63 seulement habitaient le parc, en 1890, et six maisons étaient vacantes : on fut obligé d'admettre des locataires étrangers à l'usine.

Le 1ᵉʳ janvier 1889, 70 familles, composées de 347 personnes, habitaient le parc Agneta. Cette cité est un sujet d'étude très intéressant, parce qu'elle est destinée à devenir la propriété de la *Société anonyme*, propriété collective fondée par M. Van Marken pour procurer à ses employés et ouvriers de bonnes maisons, des hôtels pour célibataires et de créer à leur profit

10

des magasins coopératifs, des bains, des lavoirs, des écoles, des cercles, etc.

Mme veuve Boucher et Cie, à Fumay (Ardennes). — Mme veuve Boucher a exposé les plans d'exécution d'une de ses maisons de la Cité ouvrière de Pioa-Selle. Les plans paraissent bien étudiés et l'ouvrier peut être bien logé dans les habitations qui dépendent de l'usine.

MM. Waddington et Cie (France). — MM. Waddington et Cie ont exposé les plans des logements d'ouvriers de leurs usines du département de l'Eure.

Société immobilière de Christiania. — La *Société immobilière de Christiania*, dirigée par M. John Fay, avec autant d'habileté que de dévouement, a obtenu une médaille d'argent du Jury chargé d'examiner les produits de la section suédoise. M. Fay aurait reçu une récompense plus élevée s'il eût soumis son exposition à l'appréciation du Jury de l'Exposition d'économie sociale. Cette association a exposé une carte de Stockholm, indiquant les endroits où elle a établi ses immeubles et des plans d'exécution de ses types principaux. Les maisons sont à étages ; les logements sont convenables, et ce qu'il y a de remarquable, c'est que des tuyaux de ventilation d'une section suffisante sont placés à côté des conduits de fumée. La Société met à la disposition de ses locataires des lavoirs avec séchoirs munis d'un outillage perfectionné et de salles de bains. Pour assurer la sécurité de ses locataires en cas d'incendie, elle a placé dans divers endroits des échelles et des appareils extincteurs. Les escaliers sont en fer et, par conséquent, incombustibles ; de plus, on les a disposés de façon qu'en passant par les greniers, les locataires puissent toujours avoir deux escaliers à leur disposition. La Société administre un legs qui permet d'attribuer, chaque année, aux locataires les plus méritants, plusieurs primes dont la valeur s'élève à 28 fr. Une bibliothèque de 400 volumes a été installée par un généreux bienfaiteur.

Jusqu'à ce jour, il a été construit sept maisons, dont la valeur s'élève à 1,285,570 fr. ; les logements qu'elles contiennent sont au nombre de 464. Ils sont loués de façon à faire rapporter 4 0/0 au capital engagé dans les constructions. Les logements se composent en général de deux pièces, dont l'une sert de cuisine. Des précautions sont prises pour assurer une ventilation parfaite. Une salle placée dans une annexe sert de dépôt mortuaire et d'hôpital temporaire pour les malades atteints d'affections contagieuses.

MÉDAILLES DE BRONZE. — M. Bocquin, ingénieur à Paris. — M. Bocquin, ingénieur, a exposé les plans des maisons à petits logements, qu'il a fait établir pour le compte du comte Branicki, à Varsovie. La distribution de la maison est bien comprise, la canalisation de l'eau potable et des eaux ménagères est parfaitement installée, et nous sommes heureux de savoir qu'on commence à construire, en Russie, des habitations ouvrières convenables.

M. Bronsnitzine, architecte à Saint-Pétersbourg, a publié un très bel atlas relatif aux habitations ouvrières.

M. de Montgolfier, à la Haye-Descartes. — M. de Montgolfier a fait construire une Cité pour loger son personnel. Les maisons sont remarquables par la grandeur des pièces.

M. Lelièvre. — M. Irenée Lelièvre a exposé un manuscrit qui a passé inaperçu ; nous le regrettons, car il contient des documents fort intéressants relatifs à la mortalité des habitants de Reims, par rues et par quartiers. L'orateur fait ensuite la description de l'organisation de l'*Union foncière de Reims*, la première Société française basée sur les *Building societies*, et il rend compte des résultats qu'elle a obtenus.

L'*Union foncière*, fondée en 1870 par 172 ouvriers et employés, au capital de 4497 fr., comptait, en 1888, 786 membres. Le montant total des versements faits à cette époque s'élevait à 1,287,584 fr., celui des remboursements à 876,263 fr. En 1888, la Société avait construit 33 maisons pour son compte, 10 pour le compte des sociétaires ; elle avait fait l'acquisition de 16 maisons pour son compte et de 15 autres pour celui des Sociétaires ; de plus, elle avait fait 20 avances à ses membres pour leur permettre d'acquérir des propriétés. En résumé, elle avait mis

94 maisons à la disposition de ses membres. D'un autre côté, elle desservit jusqu'en 1883 un intérêt de 5 0/0 aux personnes qui lui confièrent des dépôts ; aujourd'hui, elle ne paie plus que 4 0/0 d'intérêts aux déposants.

M. Lombard, à Paris. — M. Lombard a exposé le plan de la Cité ouvrière qu'il compte établir pour loger ses ouvriers. Les plans dus à M. Blondel, architecte, ont déjà reçu un commencement d'exécution. En 1884, M. Lombard avait construit une maison dont il soumit les plans à l'approbation des membres du jury de l'exposition d'hygiène de Londres. Mettant à profit leurs critiques, il construisit de nouveaux types qui ne l'ont pas encore satisfait.

M. Mabille, à Amboise. — M. Mabille a exposé les plans d'exécution d'un des types qu'il a créés pour loger ses ouvriers.

Société coopérative des ouvriers de Paris. — *La Société coopérative*, fondée au capital de 100,000 francs, divisé en actions de 100 francs, reçut en don les 41 maisons que Napoléon III fit construire, rue Daumesnil. Depuis, elle a surélevé ces maisons d'un étage, elle a construit la villa des Rigoles, qui contient des pavillons doubles, vendus par annuités ; elle a aussi élevé des maisons à étages, divisés en logements de trois pièces et cuisine. Enfin, elle a construit d'autres maisons à étages, rue Saint-Charles, quartier de Grenelle.

Cette Société est dirigée par cinq administrateurs ; son architecte est M. Lecornu, qui a bien voulu se charger gratuitement de faire les plans à grande échelle des immeubles et de les exposer. Depuis de nombreuses années, M. Wilkin, président, fait preuve d'un dévouement dont les personnes qui s'occupent de gestion des maisons d'ouvriers peuvent facilement se rendre compte et auquel nous sommes heureux de rendre hommage.

Les maisons de la Société ont coûté 887.135 francs.

Elles rapportent aujourd'hui.................	59.461f 90
Les charges sont de.......................	22.452 25
Le revenu net est par suite de...............	27.209 65

soit un peu plus de 3 0/0 du capital engagé.

MENTIONS HONORABLES.— M. Martin, à Saint-Ouen. — M. Martin, agent voyer de Saint-Ouen, a publié une brochure avec plans à l'appui, rendant compte d'un projet très intéressant qu'il a étudié pour doter Saint-Ouen d'un nombre suffisant de petits logements convenables. Malheureusement, pour mettre son projet à exécution, parfaitement étudié du reste en ce qui concerne la construction des maisons et l'établissement de leur prix de revient, M. Martin lotit son terrain au moyen de rues d'une largeur de 8 mètres, il demande alors l'intervention de l'Etat, du département et de la commune pour faire les travaux de viabilité. Jusqu'ici la commune seule a accepté de payer la subvention demandée. Nous ne croyons pas que cet exemple soit suivi par l'Etat, car les dernières instructions préfectorales enjoignent aux municipalités du département de la Seine de ne plus admettre à l'entretien que des rues de 12 mètres de large et mises en état de viabilité.

M. Meunier, architecte, à Bruxelles. — M. Meunier a présenté des plans de logements collectifs pour ouvriers. Ces bâtiments devraient être, d'après l'auteur, construits dans les faubourgs.

M. Meunier expose également une série de plans d'habitations ouvrières très intéressants à comparer.

M. Vanderlinden. — M. Vanderlinden, avocat, a écrit une brochure très remarquable au point de vue de l'étude de l'intervention pécuniaire des administrations publiques dans les opérations des Sociétés d'habitations ouvrières. D'après l'auteur, les subventions données par l'Etat ne constituent pas une perte pour les finances publiques. Ainsi, l'Etat donna 300,000 fr., en 1852, pour subventionner les Cités ouvrières de Mulhouse, et, dès 1866, il touchait annuellement une somme de 17,000 fr. à titre de contributions et de patentes des habitants de la Cité. De même, si la ville de Liège a favorisé la *Société immobilière*, par contre, elle rentre dans une partie de ses avances en faisant payer à cette Société une taxe communale qui varie de 16 à 24 fr. par maison.

L'auteur termine en examinant l'intervention des Bureaux de Bienfaisance dans la construction des petits logements ; il approuve la conduite des hospices de Liège et de Bruxelles, qui se sont largement intéressés aux opérations des Sociétés d'habitations ouvrières dont les avantages sont très appréciables dans ces deux villes.

RÉCOMPENSES AUX COLLABORATEURS

MÉDAILLLES D'OR. — M. Chabrol. — M. Chabrol est l'architecte des maisons de la *Société philanthropique*. Les résultats financiers obtenus jusqu'ici par cette association ont été très brillants.

M. Emile Muller.— M. Emile Muller a construit, dès 1852, les Cités ouvrières de Mulhouse, et a publié un ouvrage intitulé : *les Habitations ouvrières et agricoles*, qui est aujourd'hui introuvable et qui valut à son auteur les premières récompenses dans toutes les expositions où il prit part.

M. E. Muller publia, en collaboration avec M. E. Cacheux, les *Habitations ouvrières en tous Pays*, dont les épreuves, exposées en 1878, furent honorées d'une médaille d'or.

La première édition ayant été épuisée, l'ouvrage refondu entièrement eut une deuxième édition publiée à l'occasion de l'Exposition de 1889.

Dans son cours à l'école centrale, M. Muller n'oublie jamais de consacrer une leçon aux habitations ouvrières, et si les exposants ont répondu avec tant d'empressement aux invitations de la section XI de l'exposition d'Economie sociale, il faut en grande partie en attribuer la cause à l'architecte des *Cités ouvrières de Mulhouse*.

M. Rostand, président de la Caisse d'épargne de Marseille. — C'est grâce au dévouement de M. Rostand, à ses conférences et à son énergique campagne que Marseille doit les habitations ouvrières qu'elle possède.

M. Sydney Waterloo, à Londres. — M. Sydney Waterloo est le président de *The Improved industrial dwellings* *company.* Depuis la création de cette Société, l'honorable baronnet en fait partie.

MÉDAILLES D'ARGENT. — M. Avenelle, administrateur délégué de la *Société rouennaise des maisons à bon marché ;*

M. Gosset, architecte de la *Société rémoise* des petits logements s'occupe depuis de longues années de la construction des logements économiques ;

M. Lecœur, architecte des maisons de la *Société des petits logements de Rouen*, est allé sur place étudier en Angleterre tous les détails relatifs aux maisons à étages, dont il s'est bien gardé d'imiter la distribution ; il a su créer un nouveau type d'habitations ouvrières parfaitement compris.

M. Hilaire Renaud, architecte de la *Compagnie Naud*, a étudié avec un très grand soin les types de petites maisons qu'il a été chargé de construire. C'est grâce à de nombreuses recherches qu'il est parvenu à leur donner un aspect original et varié.

M. Zoppf, administrateur délégué de la Société des *Habitations ouvrières de Passy-Auteuil*, a donné un grand élan aux opérations de cette Société.

M. Zoppf a été l'un des fondateurs de l'œuvre des loyers de **Strasbourg**, qui a servi de modèle aux institutions du même genre qui fonctionnent dans les XVI° et XVII° arrondissements de **Paris**.

MÉDAILLE DE BRONZE. — M. Souillard, locataire d'une des maisons de la Société de Passy-Auteuil, gère ces habitations depuis plusieurs années avec un très grand dévouement qui a permis d'apporter des réformes importantes dans l'administration de la Société.

ETUDE DES DOCUMENTS

Relatifs aux Habitations ouvrières et qui n'ont pas été soumis à l'appréciation du Jury

Parmi les documents relatifs aux habitations ouvrières exposées en 1889, il y en a eu beaucoup qui n'ont pas été examinés par le jury de l'exposition d'Economie sociale, soit parce qu'ils ne se trouvaient pas à l'Esplanade des Invalides, soit pour une cause quelconque. Nous nous proposons d'en dire ici quelque mots. L'intervention de l'Etat dans la question des habitations ouvrières a été l'objet de travaux exposés dans la section belge et dans la section de l'intervention des villes.

Les visiteurs de l'Exposition ont pu se rendre compte en feuilletant les gros volumes contenant les résultats des enquêtes officielles faites en Angleterre et en Belgique, de l'importance que les gouvernements de ces deux pays attachent à l'amélioration des petits logements. Dans le pavillon des villes, on pouvait consulter les pièces relatives aux travaux de la commission administrative nommée par le préfet de la Seine, pour étudier les moyens de mettre à la disposition des travailleurs des demeures convenables.

Dans le rapport de M. le baron de Royer de Dour, nous avons trouvé les plans du type des maisons que l'Etat Belge construit pour loger d'une façon convenable ses gardes barrières.

Administrations charitables.— Dans le rapport de M. de Dour, nous avons trouvé une étude complète sur l'intervention pécuniaire des bureaux de bienfaisance dans la construction des petits logements. Les bureaux ont commencé à appliquer, en 1860, une somme de 81,527,608 fr., à la construction de maisons d'ouvriers; en 1888, les capitaux employés de cette façon avaient une valeur de 2,864,660 fr. En outre des bureaux de bienfaisance de Nivelles, d'Anvers, de Mons et de Wavre, dont nous avons déjà parlé, l'administration civile des hospices civils de Huy, celle du bureau de bienfaisance de Jodoigne, puis l'administration du bureau de bienfaisance de Morlanwelz et enfin celle du bureau de bienfaisance de Wetern sont intervenues pécuniairement dans la construction des maisons d'ouvriers.

Les maisons des deux premières administrations sont vendues par annuités; celles des deux autres sont simplement destinées à loger les indigents secourus, ce qui permet de contrôler leur situation matérielle et morale.

Habitations ouvrières construites par les Compagnies de chemin de fer. — La Compagnie de l'Ouest a exposé les plans d'un bâtiment destiné à permettre à ses mécaniciens chauffeurs de se reposer lorsqu'ils ont une trop longue course à faire. L'établissement se compose d'un dortoir, d'une salle où se trouvent les lavabos, d'une salle de bains et d'un réfectoire.

La Compagnie des chemins de fer de l'Est a exposé les plans de la Cité qui se trouve près de la gare de Romilly. Les maisons sont groupées par quatre, suivant le système de Mulhouse. Elles sont construites suivant trois types différents : le plus grand, destiné aux contre-maîtres, revient à 4461 fr. ; le plus petit ne coûte que 3,908 fr.

Les maisons sont desservies par des rues de six et huit mètres de large. La Cité terminée se composera de cent maisons. Jusqu'à présent, il n'y en a que 25 achevées contenant 100 logements. Le prix de revient de ces maisons a été établi comme suit :

Construction de 25 maisons à 4 logements......	398,200
Prix de 36,300 mètres de terrain.............	33,270
Puits.............................'.........	3,770
Egouts....................................	43,700
Eclairage au gaz...........................	14,000
Total................492,940	

Un logement coûte en moyenne 4,929 fr. Ainsi qu'on le voit, le prix de revient des chemins, des puits, des égouts et des appareils d'éclairage au gaz s'est élevé à 73,120 fr., soit à 731 fr. par logement. Nous ferons remarquer ici que le prix de revient des dépenses accessoires relatives à la voirie, au service des eaux potables et ménagères ainsi qu'à l'éclairage, dont on ne tient pas compte dans beaucoup de Cités, dépasse le double du prix du terrain qui dépend de chaque maison.

Le loyer est fixé de façon à faire rapporter un intérêt de 3.50 0/0 brut au capital. Il varie de 180 à 240 fr. Les charges relatives à une maison sont de 53 fr. 43 pour le plus petit type, et de 59 fr. 68 pour le plus grand. Dans ce prix, la valeur des impôts figure pour une somme de 18 fr. 65. Le revenu net des maisons varie donc de 126 fr. 60 à 180 fr 32, ce qui constitue un revenu net de 2.5 0/0 du capital engagé.

Quoique la cité ne possède pas encore d'installations communes pour donner aux locataires toutes les choses nécessaires à la vie (école, marché, lavoir, bains), les maisons de la Compagnie sont très recherchées.

Compagnie du chemin de fer du Nord. — La Compagnie du chemin de fer du Nord a exposé les plans d'une Cité, construite près de la gare du Bourget, pour loger ses employés. La Cité se compose de 27 maisons comprenant 87 logements ; elle est desservie par des rues bien aménagées. L'eau est fournie au moyen des bornes-fontaines établies dans les rues ; les eaux ménagères sont écoulées à ciel ouvert dans les champs. La vidange est recueillie dans des fosses fixes d'où elle est extraite par les soins de la Compagnie. Plusieurs maisons sont occupées gratuitement par les employés, les autres sont louées de façon à faire rapporter 2 0/0 au capital engagé.

Documents exposés par des Industriels

Nous avons beaucoup regretté l'absence des plans des maisons construites par M. Krupp et par M. Pulmann pour loger leurs ouvriers Les maisons de M. Krupp, habitées par 18,698 personnes, sont construites de façon à répondre à tous les cas à prévoir dans lesquels l'industriel se trouve forcé de loger ses ouvriers. En les étudiant, les constructeurs trouvent des matériaux pour établir les types d'habitations ouvrières les plus divers, depuis les abris provisoires jusqu'aux maisons à étages les mieux distribués.

La ville construite par M. Pulmann, connue sous le nom de Pulmann-City, est unique dans son genre. Toutes les maisons et tous les édifices publics appartiennent à M. Pulmann, qui n'a jamais consenti à vendre une seule construction. L'église même est louée aux ministres des trois cultes reconnus, pour leur permettre d'accomplir les devoirs de leur religion.

Nous regrettons également que M. Bignon n'ait pas donné plus d'explications sur les logements occupés par les petits métayers qui exploitent son domaine de Theneuille, car, en 1889, les plans de maisons d'ouvriers agricoles exposés ont été peu nombreux.

La Compagnie des Cristalleries de Baccarat a exposé les plans de ses habitations ouvrières. Ces maisons ont présenté un certain intérêt, car, depuis 1765, la Compagnie a construit des bâtiments pour loger gratuitement une partie de son personnel. Elle fournit gratuitement le logement et la jouissance d'un jardin à 224 ménages, comprenant 827 personnes. Les ouvriers verriers sont dans ce cas, car la Compagnie tient à ce qu'ils habitent le plus près possible de leurs ateliers. L'eau est fournie par des bornes-fontaines. Les eaux ménagères et les vidanges sont écoulées à l'égout. Les ouvriers qui se logent à leurs frais occupent en général leurs moments perdus à cultiver des champs, et quelques-uns emploient leurs épargnes à l'achat d'une maison. La Compagnie n'encourage pas l'acquisition des maisons par annuités, car elle estime que l'avantage d'être propriétaire ne compense pas les ennuis qu'un ouvrier éprouve quand il s'engage à payer chaque année une somme qui souvent grève trop fortement son budget.

Compagnie des Mines de Roche-la-Morlière et Firminy. — La *Compagnie des Mines de la Roche-Morlière* a construit la cité du Buisson. Les maisons sont groupées par deux; elles sont analogues à celles de la Compagnie des Mines d'Anzin. Pour occuper les moments perdus de ses locataires, la Compagnie leur loue des jardins à raison de 1 fr. les 42 mètres; elle facilite à ses ouvriers la possibilité de se bien loger, en garantissant aux constructeurs d'habitations ouvrières convenables un revenu déterminé.

Cité ouvrière de Notre-Dame-des-Victoires, à la Ciotat (Marseille), créée par la *Compagnie des Messageries* *maritimes.* — La cité de la Ciotat comprend 26 groupes de 4 maisons, soit 96 logements. La Compagnie avait l'intention de bâtir 32 groupes de maisons contenant 256 logements, mais elle arrêta ses constructions quand elle reconnut que l'encombrement avait disparu dans les habitations voisines de son établissement.

Compagnie d'Assurances « le Phénix ». — *Le Phénix* a construit des maisons mixtes, boulevard du Port-Royal. Les petits logements donnent sur une vaste cour. D'après certains renseignements pris sur les lieux, nous croyons que la Compagnie n'a pas lieu d'être satisfaite du placement qu'elle a fait.

Habitations ouvrières de M. Dolge. — M. Dolge a créé une ville aux Etats-Unis, sur un territoire de 7,342 hectares, traversé par une rivière dont la différence d'altitude entre l'entrée et la sortie du domaine de M. Dolge est de 130 mètres environ.

Il construit des habitations ouvrières qu'il vend toutes faites à prix de revient. Les matériaux sont en partie extraits du domaine de M. Dolge ; par suite, le prix de la construction est peu élevé en raison du grand nombre de pièces qu'elle contient.

Une maison revient à 7,500 fr. ; on la vend par annuités à ce prix. Elle se loue à raison de 150 fr. par an. M. Dolge étant propriétaire de la plus grande partie de la ville, composée de maisons habitées par des commerçants, loue ses boutiques de façon à regagner la différence entre la valeur du loyer de la maison et celle de l'intérêt du capital qu'il représente.

M. Dolge, qui estime que l'ouvrier a droit à une partie du gain proportionnellement à la plus-value qu'il donne personnellement à la chose produite, diminue le prix du loyer de l'ouvrier, parce qu'il estime que la présence des ouvriers augmente la valeur des maisons.

Les maisons d'ouvriers sont disséminées comme celles des autres habitants de Dolgeville. Chacune d'elles se compose au rez-de-chaussée sur cave, d'un couloir, d'un salon et d'une salle à manger, et à l'étage, de quatre chambres à coucher. La façade de la maison est de 6 mètres environ (20 pieds américains). La valeur du terrain entre dans le prix de la maison pour une somme insignifiante. Lorsqu'un ouvrier veut bâtir à sa

guise, il achète un lot moyennant une somme qui varie ae 100 à
250 fr. L'eau est distribuée gratuitement aux ouvriers ; les
vidanges sont envoyées à l'égout, qui se déverse dans la rivière.
L'éclairage gratuit pour tous les employés de l'usine est électrique, et M. Dolge fait arriver un foyer dans chaque chambre.

**Forges de Champagne du canal de Saint-Dizier à
Vassy.** — La *Société des Forges de Champagne* a construit
des casernes comprenant des logements occupés par 2.143 habitants. Les logements sont composés d'une, de deux ou de trois
pièces, d'une cave et jardin. La Compagnie loge gratuitement les
chefs ouvriers et les familles qui comptent trois ouvriers ; 313
logements sont occupés gratuitement ; les 212 autres sont loués
à raison de 2 fr. 50 par pièce et par mois. La Compagnie se
charge de blanchir tous les cinq ans les logements à ses frais
et chaque fois qu'un déménagement a lieu.

Forges et Aciéries du Nord et de l'Est. — La Compagnie
des Aciéries a construit un bel hôtel pour loger cinquante
employés et cinquante contre-maîtres célibataires ; elle a établi
16 habitations de contre-maîtres louées à raison de 20 fr. par
mois, et 120 maisons pour ouvriers. Un jardin de 300 mètres de
superficie dépend de chaque maison.

**Fonderie et Laminoirs de Cuivre jaune, à l'Aune
(Sarthe).** — M. Hédin, propriétaire exploitant, a construit des
maisons dans le voisinage de l'usine pour loger gratuitement les
ouvriers fondeurs et lamineurs dont le travail est le plus pénible.
Le prix des maisons d'ouvriers, y compris un jardin d'une surface de 3 ares, varie de 1,000 à 1,500 francs. M. Hédin a construit
également des maisons pour loger ses employés — celles du
contre-maître revient à 6,000 fr. ; elle se compose au rez-de-
chaussée d'une cuisine et d'une salle à manger ; au premier de
deux pièces et le tout est surmonté d'un grenier. Les maisons
sont disposées autour d'une grande cour où les enfants peuvent
jouer sans danger sous les yeux de leur mère. L'eau est distribuée
au moyen d'une fontaine. Un lavoir est commun aux locataires.

M. Hédin a constaté que les ouvriers qu'il loge près de l'usine
se conduisent bien et qu'ils prennent goût à la vie de famille.

N'étant pas à proximité des cabarets, ils ne dépensent pas leur argent à s'enivrer, et ils ne tombent que rarement dans la gêne, quel que soit le nombre des membres de leur famille.

Maison Mame, à Tours.— M. Mame a fait construire pour loger les ouvriers de son établissement une très belle Cité composée de maisons dont la façade principale a vue sur un jardin anglais commun. Il loge 62 familles moyennant un loyer net qui varie de 156 à 237 francs, et il acquitte toutes les charges relatives à ses logements. Chaque ménage a, en outre, la jouissance d'un jardin, c'est pourquoi ces maisons sont très recherchées et on peut faire un choix parmi les demandes présentées quand il se produit une vacance.

MM. Moët et Chandon, à Epernay, logent gratuitement 25 employés et chefs de service. La maison fournit des logements à prix réduits à 135 ouvriers et elle donne une indemnité de loyer à 209 autres qui habitent chez des étrangers.

Usine de Port-Brillet (Mayenne). — M. Choppée, propriétaire de l'usine, loge gratuitement ses employés dans des logements assez confortables. Il a établi, en outre, près de 80 logements qu'il loue à ses ouvriers. Le groupe le plus récemment construit se compose de 11 maisons dont chacune d'elles comprend un rez-de-chaussée sur cave et surmonté d'un grenier. Ce rez-de-chaussée est divisé en trois pièces, de telle façon qu'une famille peut prendre un pensionnaire.

Lorsqu'un ouvrier cesse de travailler à l'usine, il est tenu de quitter la maison qu'il occupe. Quand un ouvrier meurt, on laisse à sa veuve le temps moral nécessaire pour se procurer une autre habitation.

Une maison revient en moyenne avec son jardin, à 2,900 fr. Elle est louée moyennant un prix mensuel de cinq francs. Des maisons analogues se louent dans le pays de 125 à 130 francs.

Grâce aux mesures prises en faveur des ouvriers, ces derniers n'ont pas voulu quitter le pays malgré l'offre d'un salaire plus avantageux que leur fit une maison rivale.

Jamais on n'a constaté de maladies épidémiques dans les maisons de l'usine.

Société anonyme des Tissus de laine des Vosges. —
Dans le but de donner un asile à l'homme sans foyer, surtout à
l'Alsacien émigré, qui arrive dans le pays sans connaître un
mot de français, et fournir une bonne alimentation hygiénique à bas prix aux ouvriers, la Société a établi une pension
alimentaire.

Dans un bâtiment spécialement construit à cet effet et qui
comprend le logement du surveillant, se trouve une cuisine, des
caves servant de magasins d'approvisionnements, une vaste
salle à manger, utilisée également pour les récréations, où différents jeux et des livres sont à la disposition des pensionnaires,
et sept dortoirs contenant chacun 4 lits. Le chauffage se fait à la
vapeur et l'éclairage à l'électricité

Le logement, le feu, la lumière et le blanchissage sont fournis gratuitement.

Un tableau très bien fait indique que la dépense journalière
par pensionnaire, en tenant compte du loyer, de l'éclairage, du
chauffage, de la surveillance, de l'entretien du matériel et de
l'alimentation, revient à 1 fr.292; or, la Société ne recevant que
1 fr.11, perd 0 fr. 182 de ce chef; c'est pourquoi quand un homme
ne travaille plus par sa faute, il est renvoyé.

Pour loger ses ouvriers, la Société fit construire quatre bâtiments comprenant chacun trois entrées, dont chacune donne
accès à 4 logements.

Chaque logement se compose d'une cuisine,de deux chambres,
d'un grenier et d'une cave et a, comme dépendance, un jardin.
Un bâtiment spécial contient les pavés, une fontaine, une buanderie et un séchoir. Un grand jardin commun à tous les locataires permet aux enfants de jouer en sûreté.

Les constructions sont très solides ; elles sont préservées de
l'humidité par une enveloppe en bois; une eau très pure est fournie par une source abondante ; aussi la santé des ouvriers est très
bonne ainsi que l'indique la caise de secours de l'établissement.

Un logement revient à 2,000 fr. ; il est loué à raison de
102 fr. 70 par an.

Société Decauville, à Petit Bourg. — M. Decauville a
fait construire des chambres garnies pour ouvriers célibataires

et des habitations à un étage groupées par deux. Les logements sont loués à un prix très modéré. A chaque naissance d'enfant, M. Decauville diminue de 0 fr.50 par mois le prix du loyer. Un restaurant économique a également été créé ainsi qu'un cercle pour les ouvriers, etc.

Société des fils de Peugeot frères. — La Société a construit un grand nombre de maisons pour les ouvriers de ses usines de Valentigney, Terre-Blanche et Beaulieu.

Les maisons sont groupées par deux, quatre, six, dix, douze, vingt et vingt-cinq. Elles sont à étages ou à rez-de chaussée, élevées sur caves et munies d'un grenier.

Chaque logement se compose d'une cuisine, et de trois chambres, dont deux sont mansardées quand la maison est à rez de-chaussée. Un logement a, comme dépendances, un bûcher et un jardin ; une buanderie commune avec four est à la disposition des locataires. Une auge à porcs est installée lorsque les locataires le demandent.

Les maisons à rez-de-chaussée coûtent 3,000 fr.,celles qui sont à étages valent 3,500 fr ; elles sont louées moyennant un loyer qui varie de 10 à 20 fr. par mois.

La Société n'expulse jamais ses locataires qui sont en retard pour le paiement de leur loyer. D'ailleurs, ses logements étant **loués 20 0/0 moins cher** que ceux que l'on trouve aux environs, sont très recherchés, et la Société peut faire un choix des locataires.

La surveillance des logements est confiée aux agents de la Société.

On a essayé de vendre ces maisons par annuités,'mais on a échoué dans cette tentative.

Société Cockeril, à Seraing. — La *Société Cockeril*, à Seraing, a disposé ses habitations ouvrières d'une façon remarquable, qui mérite d'être signalée. Les maisons sont juxtaposées, comme elles le sont généralement dans le Nord ; la façade principale étroite donne sur un magnifique jardin anglais, commun aux habitants, et la façade opposée a vue sur une cour séparée par un sentier des champs que les locataires louent à bas prix. La Société a construit deux groupes de 20 maisons, dans lesquelles on loge 280 personnes. Pour donner plus de variété à l'aspect général de ces habitations, huit sont à deux étages.

L'eau potable est fournie par des puits. Deux fours à pain sont à la disposition des locataires.

Les eaux ménagères sont envoyées dans la Meuse. Les maisons ont coûté 222,650 fr. ; elles produisent un revenu brut de 8,316 fr. Le montant des charges est de 1,100 fr. ; par suite, le revenu est réduit à 7,216, ce qui constitue un produit net de 3,2 0/0.

Société Steinheil et Dieterlen, à Rothau. — La Société, au lieu de verser à la Caisse des dépôts et consignations les excédents de recettes de la Société de secours mutuels créée en faveur de ses employés, les prêtent sur hypothèque, au taux de 5 0/0, aux membres qui veulent acquérir ou construire des maisons, et, grâce à ces prêts, par le moyen d'un capital constamment reconstitué par les remboursements des acquéreurs, 140 familles ont pu devenir propriétaires de leurs modestes habitations.

Société anonyme de Parenchères. — La *Société anonyme de Parenchères*, qui exploite les établissements Agache, a construit quatre Cités composées de maisons à un étage, et une autre de maisons à rez-de-chaussée. Le nombre total des maisons appartenant à la Société est de 170.

MM. Vandel aîné et Cie, à la Ferrière-sous-Jouarre (Doubs), logent 10 ménages dans un bâtiment divisé en logements de deux et trois pièces.

MM. Vincent, Ponnier et Cie. — MM. Vincent, Ponier et Cie construisent deux types de maisons groupées par deux et des maisons composées de 8 logements. La Société a établi en tout 149 logements. L'eau potable est fournie par des fontaines, autour desquelles on a établi des bassins qui servent de lavoirs. Les vidanges sont recueillies dans des tinettes mobiles et utilisées dans les jardins.

Les maisons sont louées moyennant un prix fixe de façon à faire rapporter 5 0/0 brut au capital engagé dans les constructions. Lorsque l'ouvrier veut se rendre acquéreur d'une construction, on lui vend moyennant une déduction de 100 à 200 francs de son prix de revient.

11

MM. Walter, Seitz, à Granges, ont également établi des maisons convenables pour leurs ouvriers dont ils assurent aussi le mobilier contre l'incendie en prenant à leur charge le paiement des primes.

Mentionnons encore l'établissement de Villeneuvette, qui loge gratuitement 60 familles dans le périmètre de l'usine et 38 autres dans le pays. Contrairement à l'opinion généralement accréditée, ce sont les habitations situées le plus près de la vue du patron qui sont les plus recherchées.

La Société de la Papeterie de Vidalon fournit également gratuitement à ses ouvriers un logement avec cave et jardin.

Hôtels pour Ouvrières en Autriche. — En parcourant les documents qui étaient exposés, nous avons remarqué qu'en Allemagne certains patrons fournissaient des logements moyennant un loyer qui variait de 2 à 6 0/0 du montant du salaire de leurs ouvriers. Dans quelques établissements on a disposé des hôtels garnis pour loger des ouvrières. Ainsi les ouvrières de MM. Joh Schwartz Söhne sont logées gratuitement dans un hôtel ; elles vont passer le dimanche chez leurs parents.

Documents exposés par des Sociétés Immobilières

The Society for improving the dwellings of the labouring classes. — Cette Société, fondée en 1842, est la plus ancienne de Londres qui se soit occupée de l'amélioration du logement des travailleurs. Elle a envoyé les plans des types de maisons modèles créés par Henry Roberts, son architecte, pour loger les ouvriers à la ville et à la campagne ; elle vend à prix réduits des plans d'exécution de ses maisons modèles ainsi que des brochures relatives à l'amélioration des logements insalubres.

The Metropolitan association for improving the dwellings of the labouring classes, créée en 1844, possède des immeubles qui valent environ deux millions. Son secrétaire, M. Ch. Gattliff, a écrit une brochure sur les opérations faites par la Société, en établissant des maisons à étages et des maisons pour une famille.

Des registres permettent de connaître avec beaucoup d'exactitude le taux de la mortalité des locataires de la Société, ainsi que celui des naissances. C'est grâce aux efforts des deux Sociétés que nous venons de mentionner que la réforme du logement a pris une si grande extension en Angleterre. La Société a exposé un ouvrage très complet de M. William Eassie indiquant les dispositions à prendre pour obtenir une maison satisfaisant à toutes les règles de l'hygiène et pour l'habiter de façon à ne pas la rendre insalubre. A cet effet, l'auteur étudie les divers appareils relatifs au chauffage, à la ventilation, à l'éclairage, à la canalisation des eaux potables et ménagères, à l'évacuation des vidanges, etc.

The Artisan's Labourer's and general dwellings Company. — Nous regrettons beaucoup que la place dont disposait la section anglaise ne lui ait pas permis de mettre en vue les documents relatifs à l'importante Société coopérative *The Artisan's Labourer's and dwellings Company.* Cette association a loti aujourd'hui trois grandes propriétés qu'elle a couvertes de petites maisons pour une famille.

Le nombre total de ces habitations dépasse six mille. Nous avons reproduit dans l'*Economiste pratique* les plans des maisons, qui malgré leur façade étroite, ont quatre pièces au rez-de-chaussée et autant à l'étage. Nous avons également indiqué la disposition prise dans ces maisons pour écouler les vidanges et les eaux ménagères dans un égout qui traverse les jardins au lieu d'être tracé dans l'axe de la rue. L'avantage de cette disposition consiste en ce que la conduite des eaux ménagères ne traverse pas la maison. Il eût été difficile d'adopter ce système si les maisons eussent appartenu à plusieurs propriétaires ; mais, ainsi que nous l'avons dit, la Société après avoir vendu quelques habitations a été obligée de les racheter.

Les trois propriétés sont revenues à 37,240,100 fr., leur revenu a été de 2,549,400 fr. Les charges se sont élevées à 610,150 fr., soit à 40 0/0 du revenu brut. Le revenu net a donc été de 1,939,250 fr. soit 5,4 0/0 du capital.

La Société a également construit des maisons à étages dans

Londres : elle s'est attachée à leur donner tout le confortable possible. Dans le but de prévenir les incendies, les planchers et les escaliers sont en matériaux incombustibles. Pour assurer autant que possible le confort des locataires, on a disposé des lavoirs, des salles de bains, des trous à poussière sur le palier de chaque étage, etc.

Les bâtiments ont coûté 4,078,350 fr., leur produit brut a été de 74,225 fr. ; le montant des charges de 3,675 fr. ; le revenu net a donc été de 50,550 fr., soit 21,25 0/0 du capital. Ce revenu augmentera quand tous les bâtiments seront terminés et loués. La Société possède encore plusieurs propriétés. Liverpool, Salford, Birmingham, Smethwick. Leur prix de revient s'est élevé à 711,600 fr. ; leur produit brut à 45,950 fr. ; les charges à 21,850 fr. Le revenu net a donc été de 24,100 fr., soit 3 1/2 0/0 du capital. La valeur des charges a été de 50 0/0 du revenu brut.

Société immobilière de Château-du-Loir. — La *Société de Château-du-Loir* a été fondée par des commerçants et des propriétaires. Son capital est de 57,000 fr., divisé en 228 actions de 250 fr. chacune. Avec cet argent, on a pu construire 16 maisons, qui donnent un produit brut de. . . . . . 2,778 fr. soit 4,85 0/0.

Les charges sont très élevées, elles se composent des impôts de 12 maisons . . . 378 fr.

Frais d'enregistrement	105 »»
Honoraires du Secrétaire	105 »»
Frais généraux.	108 50
	696 50 696 50

Le bénéfice net est donc de . . . . 2,081 50 soit 3,60 0/0 du capital.

La Société a été fondée pour loger les ouvriers et employés de chemin de fer de la ligne de l'Etat de Paris à Bordeaux. Elle a publié ses résultats ; des spéculateurs, voyant qu'ils pouvaient, mieux que la Société, retirer un intérêt avantageux de leurs capitaux en construisant des maisons analogues, puisqu'ils supprimaient les droits d'enregistrement, les honoraires du secrétaire et diminuaient les frais d'entretien et autres, se sont mis à l'œuvre, et aujourd'hui le besoin de logements ne se fait plus sentir dans la commune de Château-du-Loir.

Documents exposés par des Particuliers

M. Paul Dubos. — M. Paul Dubos, ingénieur, a exposé les plans des maisons à étages, dont il a fait une étude spéciale depuis un grand nombre d'années. Il a construit dans le quartier de la Butte-Montmartre une centaine de maisons, contenant chacune une vingtaine de logements ; il en a établi également dans le quartier du Temple. Ses plans, ayant été placés dans la section du génie civil, classe 63, n'ont pas été examinés par le jury de la section d'Économie sociale. Les maisons à cinq étages reviennent à 500 fr. le mètre superficiel.

M. Berardi, propriétaire à Avignon, a exposé également dans la classe du génie civil, les plans de la Cité qu'il construisit à Avignon pour loger les ouvriers du chemin de fer. L'eau se trouvant à 0^m80 du sol, on n'a pu faire de caves et on s'est contenté d'établir des celliers. La présence de l'eau à une si faible profondeur a permis d'employer avec succès le système de puits instantané.

Les impôts relatifs à douze maisons s'élèvent à la somme de 253 fr. 32, soit 21 fr. par maison, se décomposant comme suit : 0 fr. 85 pour l'impôt foncier, 10 fr. 15 pour l'impôt des constructions et 10 fr. 14 pour celui des portes et fenêtres.

Cité Dunoyer, Bordeaux. — La cité Dunoyer fut construite, à Bordeaux, par un spéculateur qui voulut loger convenablement les ouvriers A cet effet, il disposa les maisons en quadrilatère, de façon à avoir une façade en bordure d'une rue et une autre sur un vaste emplacement divisé en petits jardins. L'entreprise a échoué, car les ouvriers bordelais n'aiment pas à être groupés, et ce qui tend à prouver cette assertion, c'est qu'une autre tentative du même genre a été également infructueuse.

Documents imprimés : Livres, Brochures

M. Louis Bertrand, rédacteur au journal *Le Peuple*, à Bruxelles, a fait une étude intéressante sur le logement de l'ouvrier et du pauvre en Belgique. Son livre est précédé d'une préface sur l'hygiène des habitations, par le docteur C. de Paepe.

« Building New », **New-York.** — Ce journal est consacré spécialement aux *Building societies*. Chaque livraison contient un plan de cottage susceptible d'être vendu par annuités. Le journal s'occupe également des *Congrès de Building societies*, de leurs comptes rendus, etc.

M. Carrol Wright, président de *The Social Science Association*, de Boston, a exposé un très intéressant rapport sur les conditions du travail industriel aux Etats-Unis. On trouve dans ce bel ouvrage un chapitre important, relatif à l'étude des habitations ouvrières, ainsi que treize planches donnant les plans d'exécution de maisons pour une famille.

M. Cazin, à Calais. — M. Cazin, ancien conseiller général du Pas-de-Calais, a exposé une brochure contenant la description, avec plans à l'appui, d'une Cité qu'il a l'intention de construire à Saint-Pierre-les-Calais, pour permettre aux travailleurs de se loger convenablement, à bon marché, et de devenir propriétaires.

Les maisons sont adossées et juxtaposées comme celles qui sont groupées en ligne à Mulhouse. Après avoir établi le prix de revient de ces constructions et démontré qu'elles pouvaient procurer à leurs constructeurs un produit rémunérateur, M. Cazin a rédigé les statuts d'une Société à capital variable, qui aura pour but de construire des habitations à bon marché et de les mettre à la disposition des travailleurs.

M. Cheysson, inspecteur général des ponts et chaussées, à Paris. — M. Cheysson s'occupe depuis quelques années de la question des habitations ouvrières. En 1886, il fit, dans le local de l'Exposition d'hygiène, une conférence très applaudie, destinée à exposer la situation des habitations ouvrières, les dangers qu'elles présentent et les divers moyens à employer pour placer ces demeures dans les conditions exigées par les lois de la morale et les règles de l'hygiène.

M. A. Delaire, secrétaire général de la Société d'Economie sociale, à Paris, a rédigé une intéressante brochure pour faire connaître l'état de la question des habitations ouvrières au moment où les *Unions de la Paix sociale* commençaient leur enquête sur les petits logements en France.

M. le commandant Royer de Dour a exposé un remarquable rapport sur les habitations ouvrières de Belgique au nom de la commission chargée de préparer l'Exposition belge d'Économie sociale. Nous lui avons emprunté beaucoup de détails que nous communiquons à nos lecteurs.

M. Dunscumble, ingénieur de la ville de Liverpool, a exposé un très bel atlas contenant les plans des maisons à étages le plus récemment construites en Angleterre.

Familistère de Guise (Aisne). — La *Société du Familistère de Guise, Dequenne et Cⁱᵉ*, a exposé, dans la salle de la Participation aux bénéfices, une très belle maquette de ce bel établissement et, à l'appui, les ouvrages de M. Godin, qui en donnent la description avec plans. Nous avons longuement parlé du Familistère ; nous n'y reviendrons pas. Nous ferons remarquer que la maison Dequenne et Cⁱᵉ, qui en est propriétaire aujourd'hui, a obtenu une médaille d'or. Nous pensons que les avantages offerts par le Familistère à ses habitants ont contribué à faire décerner cette haute récompense aux successeurs de M. Godin.

M. A.-J.-C. Keyper, lieutenant-colonel du génie, et **M. Olaf Schmidth**, architecte, ont exposé une brochure, avec planches à l'appui, donnant la description de la colonie Nyboder. Après avoir fait l'historique de la question des habitations ouvrières, qui dès le xvıᵉ siècle préoccupait les esprits, les auteurs nous font assister à la naissance de la colonie Nyboder, créée par le roi Christian IV, vers 1630, pour loger convenablement les marins de sa flotte. Un terrain d'une superficie de 18 hectares fut consacré à la colonie, mais comme cet emplacement était situé au centre de Copenhague, on arriva peu à peu à remplacer les maisons basses, étroites et humides, bâties primitivement, par des maisons à un et plusieurs étages.

En opérant ainsi, on put loger plus confortablement les marins, et on obtint des terrains nus que l'on put vendre avantageusement grâce à leur situation au milieu de la ville. Dans les maisons nouvelles, les logements des matelots sont composés de deux pièces, d'une cuisine, d'un garde-manger et d'un grenier lambrissé qui sert quelquefois de chambre à coucher. Un escalier dessert quatre de ces logements, dont deux sont sur le même étage. Les privés sont dans la cour, ainsi que les séchoirs.

Les logements sont ventilés à l'aide de conduites d'air frais et d'appareils qui enlèvent l'air vicié. Les eaux potables sont fournies par des conduites d'eau; les eaux ménagères sont envoyées aux égouts de la ville; les vidanges sont reçues dans des tinettes filtrantes qui permettent d'envoyer les liquides à l'égout.

Les cours sont recouvertes d'une couche de béton. Le chauffage est obtenu à l'aide d'un poêle ventilateur alimenté par une conduite d'air frais venant du dehors. Le fourneau de cuisine est disposé de façon à pouvoir chauffer le logement au besoin.

M. G. Picot a rédigé un ouvrage intitulé: *Un Devoir social*, parvenu aujourd'hui à sa quinzième édition. C'est un appel au concours des personnes qui peuvent contribuer à provoquer en France un mouvement analogue à celui qu'on observe en Angleterre, en faveur de l'amélioration des petits logements.

M. Arthur Raffalowich a fait un remarquable ouvrage, intitulé : *Le Logement de l'Ouvrier et du Pauvre*. Son travail, couronné par l'Académie des Sciences morales et politiques, fait connaître la situation des habitations ouvrières en Europe et en Amérique.

L'ouvrage de M. Raffalowich est surtout intéressant par les détails qu'il donne sur l'intervention des femmes, à Londres et dans les grandes villes américaines, en faveur de l'assainissement des logements insalubres et des habitudes de propreté que doivent contracter les locataires ; il fait également connaître l'organisation et le fonctionnement des *Building societies*, et communique les merveilleux résultats obtenus par ces associations, notamment à Philadelphie, où le nombre des habitants n'est en moyenne que de huit par maison.

Rapport du Comité départemental de la Gironde. — On y trouve d'intéressants détails sur les habitations ouvrières de Bordeaux.

Rapport du Comité départemental du Nord et du Rhône. — Nous y avons puisé beaucoup de renseignements, notamment sur la Cité ouvrière de MM. Thiriez frères, à Loos, près Lille, et sur les logements économiques de Lyon.

M. Carl A. Romstorfer, architecte à Czernowitz. — M. Romstorfer a exposé une intéressante brochure sur les habitations ouvrières. Ce travail est remarquable surtout par les détails qu'il donne sur les maisons des travailleurs agricoles. L'auteur étudie consciencieusement toutes les parties d'une maison; il consacre un chapitre intéressant aux appareils de chauffage, un autre au service de la vidange, un troisième aux bains et aux lavoirs. Pour bien faire comprendre le texte, M. Romstorfer l'accompagne de dessins et de plans d'exécution d'une maison de paysan avec toutes ses dépendances et d'une collection d'habitations ouvrières. Parmi les plans reproduits par M. Romstorfer, nous citerons ceux des maisons modèles construites par le prince Albert, dans l'enceinte de l'Exposition de Londres, et ceux de plusieurs spécimens de types d'habitations d'ouvriers agricoles irlandais.

M. le docteur Maximilien Steiner a exposé une brochure in-quarto avec plans d'exécution, qui donne d'intéressants détails sur les logements d'ouvriers construits à Vienne par la Société des Habitations ouvrières de cette ville.

M. Remaury, président du Conseil d'administration du *Génie Civil*, a contribué à la propagation des connaissances relatives aux habitations ouvrières en publiant plusieurs articles spéciaux dans ce journal. Il a réuni ces articles dans une brochure qu'il fit distribuer à un grand nombre d'exemplaires dont plusieurs spécimens figuraient dans diverses parties de l'Exposition.

M. Antony Roulliet, avocat, fit paraître à l'occasion de l'Exposition un travail considérable relatif à la législation concernant les habitations ouvrières, nou seulement en France, mais encore à l'étranger. La valeur de ce travail fut appréciée à un tel point que les membres du Comité d'organisation du Congrès international des Habitations à bon marché. créèrent une section de législation dont ils conflèrent à M. Roulliet la rédaction du rapport.

Documents sur les Habitations ouvrières agricoles

M. Joh Fay, chef de bureau au ministère de la guerre, à Christiania, nous adresse, pour mettre à la disposition des visiteurs de l'Exposition, un important travail manuscrit sur la situation actuelle des habitations ouvrières en Norwège. D'après les renseignements fournis par ce travail, un grand nombre de Sociétés construisent des maisons dans les villes ; mais dans la plupart des cas, ces maisons coûtent trop cher et ne peuvent être vendues par annuités. Il n'en est pas de même dans les campagnes, surtout dans les endroits retirés, où l'on fonde des usines pour tirer parti de la force motrice. Là, les manufacturiers sont obligés de faire des sacrifices pour loger leurs ouvriers. Quelques-uns prêtent des capitaux aux ouvriers pour leur permettre de construire à leur guise, d'autres construisent soit des maisons pour une famille, soit des bâtiments à étages, afin de pouvoir mettre à la disposition de leur personnel des logements à un prix plus ou moins réduit.

Il existe en Norwège une institution fort intéressante, relative aux tenanciers et soumise à la loi du 24 septembre 1851.

Un tenancier est une personne à laquelle le propriétaire d'un bien a transféré la jouissance en usufruit d'un petit lot de terrain sur lequel il existe le plus souvent une petite maison. La jouissance de l'usufruit est concédée en échange d'un loyer annuel ou d'un certain nombre de journées de travail au profit du propriétaire.

Le tenancier est libre d'exercer un métier quelconque ; souvent, quand il a travaillé pour son propriétaire, il gagne sa vie en se mettant comme journalier au service d'une autre personne.

La jouissance de la propriété est concédée au tenancier, soit à l'année, soit pour sa vie durant et celle de sa femme.

Lorsque la terre est prise en friche, la loi exige qu'elle soit cédée au tenancier pour toute sa vie. Tout arrangement fait avec tenancier doit être régularisé par un bail.

Les constructions sont, en général, édifiées par le propriétaire ; lorsque le tenancier les établit, il peut, à la fin du bail, les enlever ou *exiger* une indemnité ; par contre, il n'a pas le droit d'emporter ni fumier, ni foin, ni paille sans autorisation.

Il existe actuellement 52,707 tenanciers en Norwège. En ajoutant ce nombre à celui des membres de leur famille, on trouve 207,464 personnes, soit 15 0/0 de toute la population rurale jouissant en usufruit de petites propriétés

Sur 52,787 tenanciers, il en reste seulement 3,411 qui sont propriétaires d'une maison dont la valeur moyenne est fixée à 833 francs.

Les maisons des tenanciers sont en général à rez-de-chaussée ; elles sont divisées en deux ou trois pièces. Dans une annexe, on loge le bétail, le fourrage et le bois.

M Jules Gire, architecte au Puy, a exposé un important manuscrit avec planches, donnant de nombreux articles sur les constructions agricoles dans la Haute-Loire.

Dans la Haute-Loire, les salaires des ouvriers agricoles varient entre 1 fr. 50 et 2 fr. 50. Les femmes ne travaillent qu'autant que les bras manquent ; leur salaire varie de 1 fr. 25 à 1 fr. 50. L'ouvrier travaille de 8 à 14 heures par jour, suivant la saison ; quelquefois, la journée commence à 3 heures du matin pour finir à 8 heures du soir. L'ouvrier dépense de 0 fr. 80 à 1 fr. 30 pour sa nourriture ; il ne mange presque jamais de viande et ne boit pas de vin pendant ses repas. Un ménage dépense de 1 fr. 30 à 1 fr. 60 et, par suite, s'impose de cruelles privations.

L'habitation de l'ouvrier agricole est, en général, défectueuse. La maison est froide, malpropre et souvent humide. Les ouvertures, trop petites et mal closes, laissent pénétrer une lumière insuffisante, tout en permettant à l'air froid de circuler à volonté dans les pièces.

M. Gire a donné les plans d'une habitation ouvrière agricole composée de deux pièces, d'une grande cuisine, d'une étable pour vaches, d'une auge à porcs et d'un grenier auquel on accède par une forte rampe.

Les ouvriers agricoles non propriétaires sont logés par les cultivateurs, soit dans la ferme, soit dans des constructions dans les parties des bâtiments spéciales, soit qu'ils doivent surveiller : les bouviers et les bergers sont dans ce cas.

Le loyer d'un logement d'ouvrier célibataire varie de 50 à 70 fr. par an. Le logement se compose d'une seule pièce de 12 mètres carrés, trois mètres de large sur quatre de long. La hauteur de la pièce varie de 2ᵐ50 à 2ᵐ80. Les murs sont nus. Le loyer du logement de l'ouvrier marié varie de 70 à 100 francs. Il se compose de deux pièces qui servent de chambre à coucher, c'est dans l'une d'elles que l'on prépare les aliments.

Les constructions sont, en général, en mauvais état ; le sol est recouvert de dalles ou de briques, quelquefois de planches posées directement sur le sol. Le plus souvent, il n'existe aucune disposition pour écouler les eaux ménagères. Les privés sont primitifs et placés en dehors de la maison. Les étables font souvent partie de l'habitation. L'eau potable est fournie, soit par des puits, soit par des mares ; très souvent elle est souillée par les déjections des animaux. Il existe néanmoins quelques bâtiments bien disposés destinés aux ouvriers par exemple, une maison construite par M. Gire dans la commune de Roche-en-Régnier, arrondissement du Puy. La construction dont M. Gire donne également le plan est destinée à loger un ouvrier avec sa femme, deux filles de ferme et quatre autres ouvriers garçons, soit en tout huit personnes. Elle se compose, au rez-de-chaussée, d'une cuisine, de deux chambres pour l'ouvrier marié, d'une chambre pour les deux filles, d'un four, d'une laverie et d'un hangar couvert. Une partie est surélevée pour obtenir une chambre destinée aux ouvriers célibataires et deux greniers. On accède au premier étage par un escalier extérieur, ce qui supprime toute communication entre les célibataires et le ménage.

Maisons démontables

MM. Adt frères, à Pont-à-Mousson, ont élevé, dans l'Esplanade des Invalides, une petite maison, faite avec des panneaux en carton durci, faciles à assembler et très légers. Malheureusement, leur solidité laisse à désirer.

M. J. Charlton Humphrey, de Londres, a exposé, dans la section anglaise, des spécimens de ses constructions en tôle ondulée. Il établit des habitations ouvrières contenant quatre pièces, moyennant un prix qui varie de 2,500 à 4,000 fr., suivant la grandeur des pièces.

Les maisons faites suivant ce système sont surtout employées dans les colonies.

The Ducker portable House, compagnie de Londres. — La Société construit des maisons démontables. La carcasse est en bois ou en fer; les panneaux sont en fer, la couverture est en tôle galvanisée ou en tuiles métalliques.

M. Lelubez, à Paris, a exposé une maison en fer et briques, qui peut servir dans les colonies.

Des précautions sont prises pour assurer la ventilation. Le prix minimum d'une maison à rez-de-chaussée revient à 50 fr. le mètre.

M. Nicolas Leroy, Marchienne-au-Pont (Belgique). — M. Leroy construit des maisons démontables à doubles parois en bois. Pour installer une maison, il suffit de six pilastres en bois, briques ou pierre, de 0m36 de côté sur 0m30 à 0m40 au-dessus du sol. Lorsqu'on veut élever les maisons sur caves, il suffit de construire des murs susceptibles de retenir les terres.

M. Leroy exposa plusieurs types de construction. Le plus économique, composé de trois pièces, revient à 1,000 fr. quand il est à parois simples, et à 1,200 fr. lorsqu'il s'agit des parois doubles.

MM. Milinaire frères, à Paris, construisent également des maisons dont la carcasse est en fer et dont les vides sont remplis avec des briques, mais ce système de construction revient encore assez cher.

M. Poitrineau, architecte à Paris, a exposé les plans d'exécution de maisons en bois contenant deux chambres et une cuisine et qui reviennent à 2,473 francs.

Le montage se fait en deux jours et coûte de 75 à 100 francs.

Le même a également étudié des types de trois pièces et une cuisine, ainsi que des réfectoires et des dortoirs démontables. Une médaille d'or a été décernée pour ce système de construction.

MM. Thams et Cⁱᵉ, (Norwège), ont exposé les plans de maisons en bois qu'ils exportent en assez grand nombre en Amérique et dans les colonies. Un groupe de quatre maisons contenant chacune deux logements de trois pièces et cuisine sur le même palier revient, en Norwège, à 20,000 francs ; le transport en France à 3,000 francs ; le montage et l'installation à 9,500 francs. Le groupe entier revient donc à 32,500 francs, ce qui fait revenir le logement de trois pièces et cuisine à 4,062 francs, chiffre supérieur à celui d'une maison contenant le même nombre de pièces et construite avec les matériaux du pays.

M. Windels (Bruxelles), indique, dans une brochure exposée à la section XI, les procédés à employer pour construire des maisons avec un béton composé de débris de matériaux et d'un mélange liquide dont il a trouvé la composition.

Le béton de M. Windels acquiert, au bout d'une quinzaine de jours, une dureté considérable.

L'auteur estime qu'il peut réaliser avec son système une économie de 68 0/0 sur les constructions ordinaires. Nous ferons remarquer que, depuis longtemps, on emploie un système analogue en France. Les maisons construites à Lyon par MM. Mangini, Aynard et Gillet sont en béton. A Paris, j'ai également employé le béton de machefer pour faire des murs mitoyens à l'abri de l'humidité.

Exposants de parties accessoires à des maisons

Mobiliers. — Appareils de chauffage. — Appareils sanitaires. — Les exposants qui construisirent des maisons en grandeur naturelle les garnirent d'un mobilier analogue à celui dont se servent leurs ouvriers. Par suite, on a pu se rendre compte *de visu* de la manière de vivre des locataires des Mines d'Anzin, de M. Fonien et de MM. de Naeyer.

Nous aurions voulu voir organiser un concours analogue à ceux qui ont lieu en Hollande pour récompenser les meilleurs fournisseurs d'un mobilier convenable au plus bas prix possible.

On a exposé plusieurs appareils permettant de chauffer un logement tout en préparant la cuisson des aliments. Citons ceux de MM. Delaroche aîné, Gaillard et Haillot, etc.

La Ville de Paris a exposé dans son pavillon une maison salubre et une autre insalubre, pour imiter ce qui a été fait, en 1884, à l'Exposition d'hygiène de Londres.

MM. Doulton et Cie ont bien voulu, sur notre demande, installer dans les privés des habitations ouvrières d'Anzin et de M. Fanien des appareils pour indiquer le système du tout à l'égout. Un appareil, comprenant celui de chasse, revient à 130 francs.

M. Delafon, représentant de MM. Jacob frères, a également exposé un tableau représentant le système de canalisation qu'il eût fallu adopter pour envoyer à l'égout toutes les eaux ménagères et toutes les vidanges produites dans les maisons construites en grandeur naturelle. Nous regrettons que le jury de la section XI n'ait pas attaché plus d'importance, dans son appréciation, aux dispositions prises par les exposants pour assurer la salubrité des petits logements.

RÉSUMÉ

En résumé, on voit qu'il était possible d'étudier avec fruit la question des Habitations ouvrières à l'aide des documents apportés à l'Exposition de 1889. Malheureusement l'accumulation des matériaux intéressants a été telle que bien peu de personnes ont cherché à examiner ceux qui ne se trouvaient pas en évidence.

Grâce aux travaux relatifs aux Habitations ouvrières, que mon regretté maître réunit depuis quarante ans et à ceux que moi-même je collectionne depuis vingt ans, j'ai pu faire à l'aide de ceux exposés en 1889 un résumé complet de l'état de la question des Habitations ouvrières en France et à l'étranger, dans les dernières années du xixᵉ siècle. Si, comme l'a dit M. Jules Simon lors de la création de la Société française des Habitations à bon marché, les petits logements sont toujours défectueux dans les villes, il n'en est pas moins vrai, comme le prouve ce travail, que beaucoup de travailleurs sont aujourd'hui logés convenablement et que nos architectes savent comment il faut établir des maisons satisfaisant aux lois de la morale et aux règles de l'hygiène.

E. CACHEUX.

PUBLICATIONS DE M. E. CACHEUX

Relatives aux Habitations Ouvrières

Moyens pratiques de remédier à la cherté des loyers dans les grandes villes. — Paris 1874.

Communications faites aux Congrès de l'Association Française, tenus à Montpellier, à Reims, à Paris, à Oran.

Rapport sur les Habitations Ouvrières exposées en 1878, fait à la Société des Ingénieurs civils.

Habitations Ouvrières Parisiennes. — Brochures avec planches.

Habitations Ouvrières en tous Pays. — Texte de 650 pages. Atlas de 78 planches.

L'Economiste Pratique. — Texte de 800 pages. Atlas de 72 planches.

Communication faite à la Société d'Economie Sociale.

Communication faite au Congrès d'Hygiène industrielle, tenu à Rouen en 1884.

Groupe de Quatre Maisons

Cités de Mulhouse

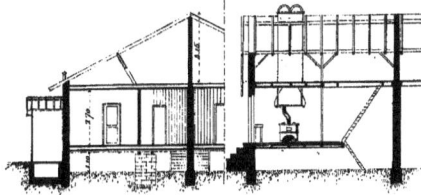

Coupe transversale   Coupe longitudinale

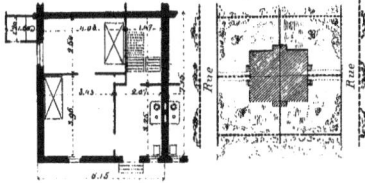

Plan du Rez-de-Chaussée   Plan d'ensemble

Groupes Boileau de la Société des Habitations Ouvrières de Passy Auteuil

Plan des premiers Types crées par E. Cacheux

Lotissement proposé par E. Cacheux exécuté en partie

Dans l'tête des trois passages on a disposé des conduites en poterie qui permettent d'amener les vidanges à l'Egout de la rue Boileau.

A A A... Réservoirs de Chasse qui assurent la régularité de l'envoi du tout à l'égout

Type de Bolbec

Type St.es Ferrand

Plan

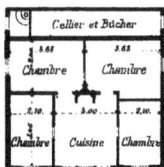

Maison construite à
Choisy-le-Roi : Prix 2000fr.

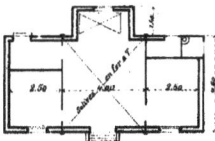

Cellier et Bûcher

Chambre   Chambre

Chambre   Cuisine   Chambre

Cottage Anglais

Groupement de Maisons Isolées

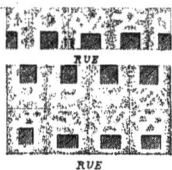

RUE

RUE

Plan du Premier Etage

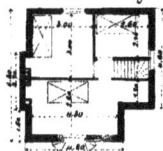

Plan du Rez-de-Chaussée

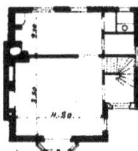

J. Rabelliaty Arch. 39 r. Monge

Groupe de Quatre logements Colonie de Marburg

Rez-de-Chaussée   Etage

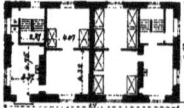

Plan d'ensemble

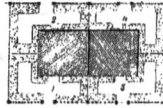

Groupe de trois logements Mines d'Altstaden
près Oberhausen

Chaque logement
possède une entrée
séparée ainsi qu'un
W.C. et une écurie

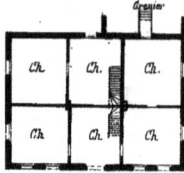

Grenier

| Ch. | Ch. | Ch. |
| Ch. | Ch. | Ch. |

Plan de l'Etage

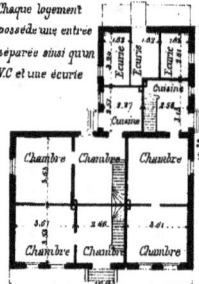

Ecurie   Ecurie   Ecurie

Cuisine

Cuisine

| Chambre | Chambre | Chambre |
| Chambre | Chambre | Chambre |

Plan du Rez-de-Chaussée

Type Anglais

Type de Noisiel

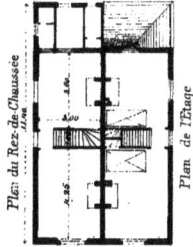

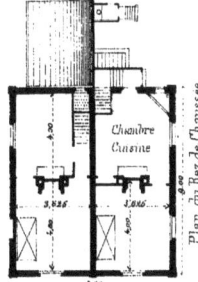

Plan du Rez-de-Chaussée

Plan de l'Étage

Plan du Rez de Chaussée

Chambre
Cuisine

Disposition de groupes de deux maisons

Rue

Rue

Lotissement de la Villa Bd Murat

Types du Village **AZIB-ZAMOUM** (Algerie)

Rez - de - Chaussée

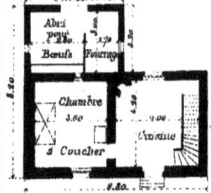

Portion du Plan d'Ensemble

Maisons Agricoles du Baron de Bela (Prusse)

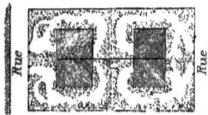

Rez - de - Chaussée

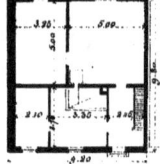

Coupe

Groupe de Quatre logements
Type de la Metropolitan Association.

Plan du Rez-de-Chaussée

Plan du Premier Etage

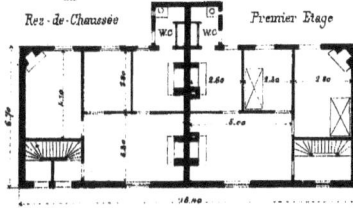

Plan du Rez-de-Chaussée

Plan de l'Etage

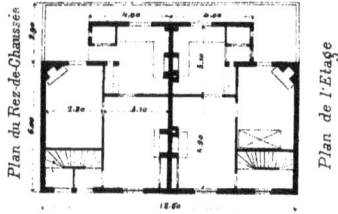

P. Rabaliaty Aut. 38 r. Monge.

Types des Cités Ouvrières de Mulhouse

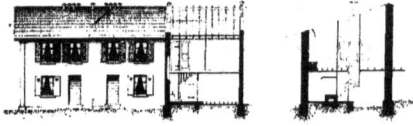

Plan   de   l'Étage

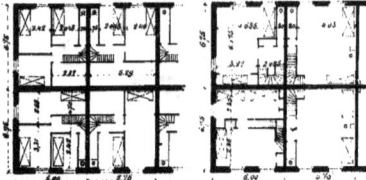

Plan   du   Rez-de-Chaussée

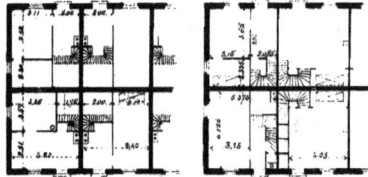

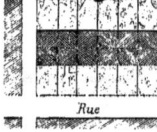

Disposition Mulhousienne   Disposition Belge

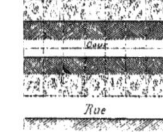

Rue   Rue

Types créés par Mr Cacheux Bd Kellermann

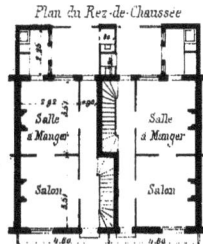

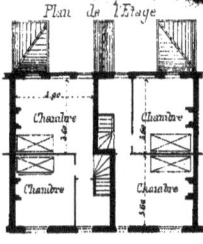

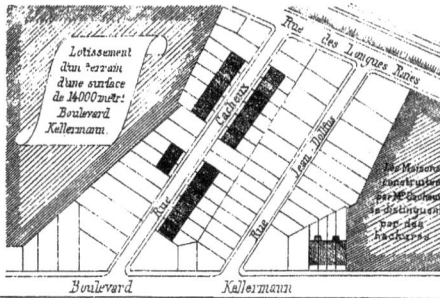

Plan du Rez-de-Chaussée   Plan de l'Étage

Salle à Manger   Salle à Manger   Chambre   Chambre

Salon   Salon   Chambre   Chambre

Lotissement d'un terrain d'une surface de 14000 mètr. Boulevard Kellermann.

Rue des Longues Raies

Rue Cacheux

Rue Jean Dollfus

Les Maisons construites par Mr Cacheux se distinguent par des hachures

Boulevard   Kellermann

P. Rabaliaty Aut. 39 R. Monge.

Types créés par Mr E. Cacheux
Commune des Lilas (Seine)

Plan   Plan

Rez. de Chaus.ée   Etage   R. de Ch.ée   Etage

Salle

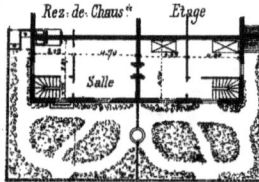

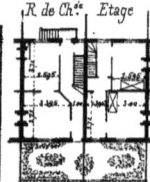

Rue du XIV Juillet   R. de la République

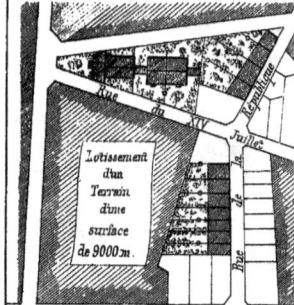

Lotissement
d'un
Terrain
d'une
surface
de 9000 m.

Les constructions
faites par Mr Cacheux
sont indiquées par des
hachures.

La plupart des lots de
terrain ont été vendus
par suite des avances
faites aux acquéreurs
pour leur permettre de
construire à leur guise
et de la facilité de se
libérer par annuités.

Il a suffi de deux ans
pour terminer l'opération.

Type à un étage du Groupe Boileau
de la Société de Passy-Auteuil.

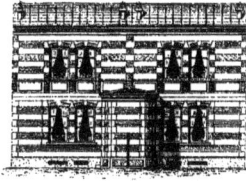

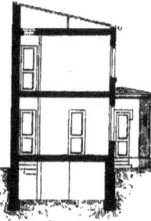

Elévation   Coupe

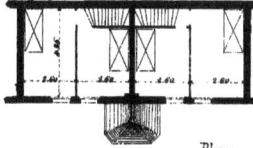

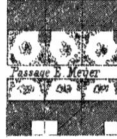

Plans

du premier Etage   d'Ensemble

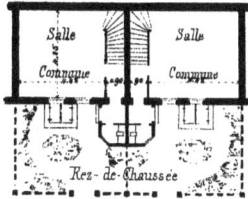

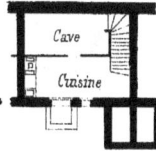

Rez-de-Chaussée   Caves

Arch Mr J. Cacheux

Maison de l'Association
Philanthropique
Boulevard de Grenelle, 65

Façade

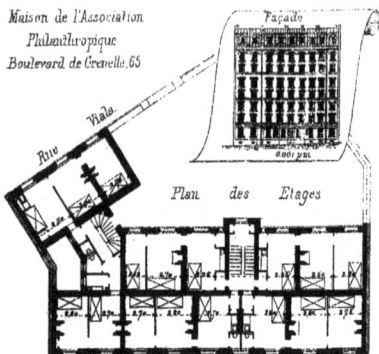

Plan des Étages

Plan du Rez-de-Chaussée

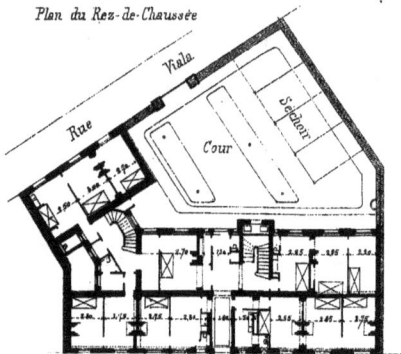

Rue

Viala

Cour

Séchoir

Boulevard de Grenelle

Arch. Mr Chalnol

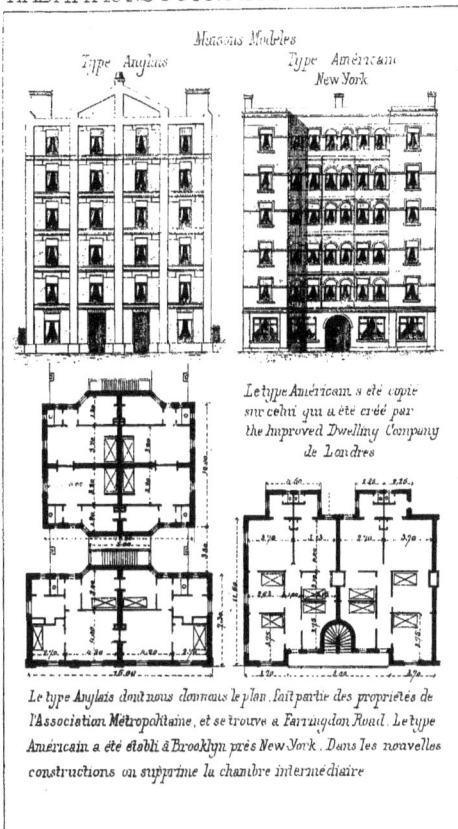

Maisons Modèles

Type Anglais

Type Américain
New York

Le type Américain a été copié
sur celui qui a été créé par
the Improved Dwelling Company
de Londres

Le type Anglais dont nous donnons le plan, fait partie des propriétés de
l'Association Métropolitaine, et se trouve à Farringdon Road. Le type
Américain a été établi à Brooklyn près New York. Dans les nouvelles
constructions on supprime la chambre intermédiaire

Type de Mr de Madre

Type de Mr Puteau

Plan
du
Rez de Chaussée

Plans
Rez de Chaussée   de 1er Etage

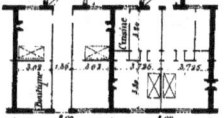

Plan des Etages

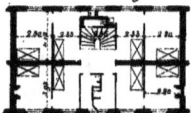

Plan des Types créés
par Mr Cacheux

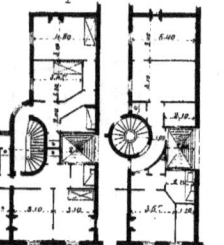

Les Maisons construites
par Mr Puteau ont été
subventionnées par
l'Etat en 1852

Les Maisons étudiées par Mr Cacheux ont trois logements par étage
dont l'un contient trois pièces avec cuisine et privés et les deux
autres deux pièces

HABITATIONS OUVRIÈRES EXPOSÉES EN 1890

E. Cacheux
Ingénieur
Chargé de l'installation
de la Section XI
de l'Exposition Universelle Sociale
(Habitations Ouvrières)

RUE DES HABITATIONS OUVRIÈRES

Élévation à 0m,005 pour mètre

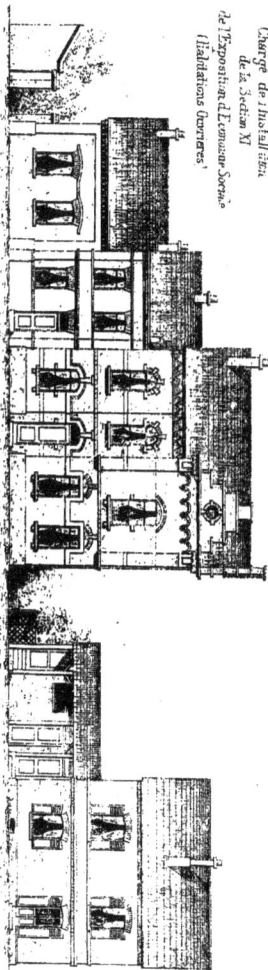

Plan du Rez-de-Chaussée à 0.005 pour mètre

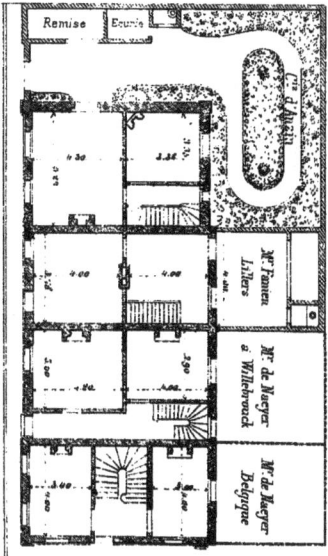

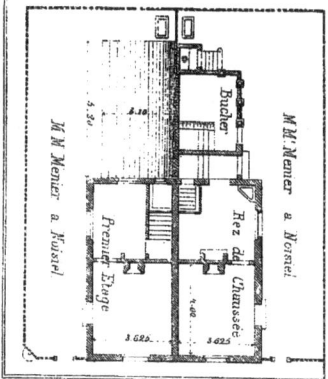

Remise — Écurie — Cour d'Anzin

Mr Fanien Lillers — Mr de Naeyer à Willebroeck — Mr de Naeyer Belgique

Passage

M M Menier à Noisiel — Bûcher — Rez de Chaussée — Premier Étage

Maisons de M M Menier

Architecte Mr Logre

Ces deux maisons de M M Menier ont été construites avec des matériaux provenant d'un groupe d'habitations ouvrières de Noisiel. L'entrepreneur de la Section les construirait à forfait moyennant 8000 francs.

Maisons de Mr de Naeyer

Architecte Mr Stein.

Les maisons de M. de Naeyer ont été construites, avec des matériaux provenant de Belgique, par une équipe d'ouvriers Belges.

En Belgique ces maisons reviennent de 2300 à 2500 fr. Ces maisons n'ont pas de caves, les prix sont des plus primitifs.

Maison de Mr Fanien

Le prix de la maison de Mr Fanien a été de 4000 fr. A Lillers une maison de ce genre revient de 1900 à 2100 fr. La maison n'a pas de cave le prix se compose d'une simple planche, placée sur une petite fosse.

Maison de la Compagnie des Mines d'Anzin

Le prix de la construction sans cave et en construction légère a été de 4800 fr. A Anzin le prix de la construction et des dépendances n'est que de 3600 fr.

APPLICATION DU TOUT A L'ÉGOUT AU GROUPE BOILEAU SYSTÈME GENESTE ET HERSCHER

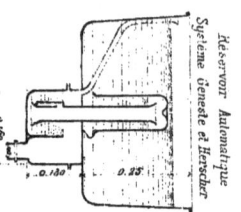

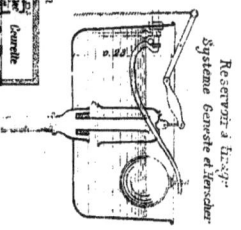

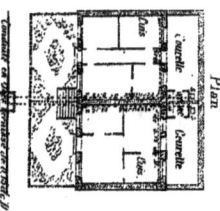

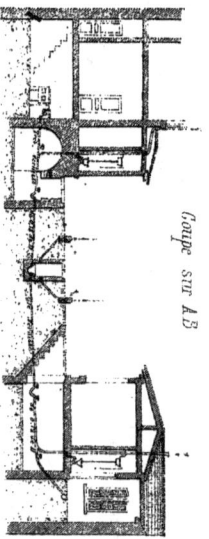

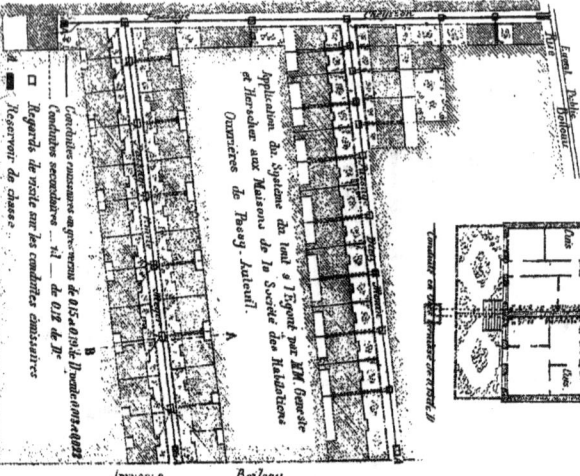

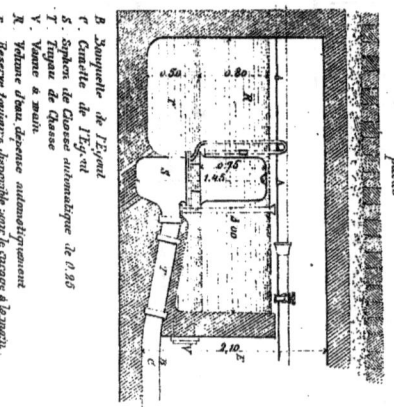

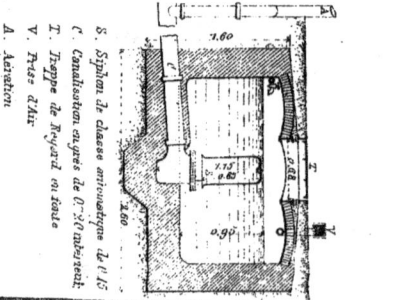

Réservoir Automatique
Système Geneste et Herscher

Réservoir à bras.
Système Geneste et Herscher.

Plan

Application du Système du tout à l'Égout par MM. Geneste
et Herscher aux Maisons de la Société des Habitations
Ouvrières de Passy-Auteuil.

Impasse — Boileau

B. — Réservoir de chasse.
□ — Regards de visite sur les conduites canalisaires
---- Conduites secondaires 0.15 et de P.
---- Conduites maisons au pre-venu de 0.25 et de P. d'eau au-dessus
— Application du Système du tout à l'Égout

Réservoir de Chasse sous chaussée
et Siphon Automatique système Geneste et Herscher
avec tube barométrique et tube régulateur pour Égout
public

Réservoir de Chasse sous trottoir
et Siphon Automatique Système
Geneste et Herscher pour conduit
collecteur d'évacuation —

Coupe sur AB

B. Banquette de l'Égout
C. Cunette de l'Égout
S. Siphon de Chasse automatique de 0.25
T. Tuyau de Chasse
V. Vanne à main
R. Volume d'eau déversée automatiquement
r. Réserve toujours disponible pour le curage à la main

S. Siphon de chasse antivacuum de 0.15
C. Canalisation ou grès de 0.20 intérieur
T. Trappe de Regard ou tuile
V. Prise d'air
A. Aération

P. Fabesing del Hersie Horg

APPLICATION DU TOUT A L'ÉGOUT AU GROUPE BOILEAU SYSTÈME GENESTE ET HERSCHER

Réservoir Automatique
Système Geneste et Herscher

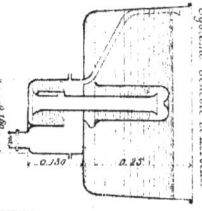

Réservoir à tirage
Système Geneste et Herscher

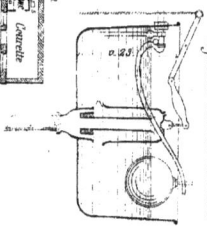

Coupe sur A B

Réservoir de Chasse sous trottoir
et Siphon Automatique Système
Geneste et Herscher pour conduit
collecteur d'évacuation.

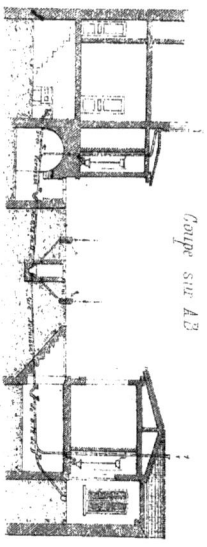

Réservoir de Chasse sous Chaussée
et Siphon Automatique système Geneste et Herscher
avec tube barostatique et tube régulateur pour l'égout
public

Plan

Cour

Courette

Esc.

Courette

Égout Public
Rue Boileau

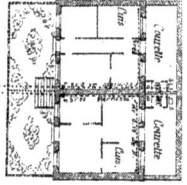

Application du Système du tout à l'Égout par MM. Geneste
et Herscher aux Maisons de la Société des Habitations
Ouvrières de Passy-Auteuil.

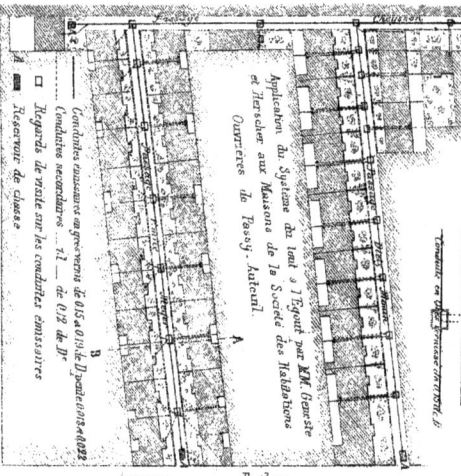

Impasse   Boileau

A ▣ Réservoir de chasse
⬚ Regards de visite sur les conduites émissaires
--- Conduites secondaires 14 — de 0.12 de Dr
━━ Conduites émissaires en grès vernis de 0.15 à 0.18 de Dr hauteur 0.032
B

B   Banquette de l'Égout
C   Cunette de l'Égout
S   Siphon de Chasse automatique de 0.95
T   Tuyau de Chasse
V   Vanne à main
R   Volume d'eau déversée automatiquement
r   Réserve toujours disponible pour le curage à la main

S   Siphon de chasse automatique de 0.45
C   Canalisation en grès de 0.30 intérieurt
T   Trappe de Regard en fonte
V   Prise d'Air
A   Aération

0.50   0.80
0.95
1.45
3.00
2.10
1.80
1.15
0.68
0.90

P. Tabutiau, del   H. sur, litho

TABLE DES MATIÈRES

TABLE DES PLANCHES

la Métropolitan association de Londres. Plan d'un groupe de deux maisons, créé par M. Logre, ingénieur de M. Menier, à Noisiel. Les groupes de M. Menier sont disposés en bordure d'une rue de 10 mètres de large ; par suite, on peut éviter de les placer en quinconce comme l'indique le plan.

La villa Murat a été établie pour faire voir qu'on pouvait tirer parti d'un terrain profond et étroit. On voit qu'il suffit de placer les jardins de deux maisons voisines bout à bout pour pouvoir disposer d'un certain espace, libre de toute construction, devant les pièces principales.

Les groupes de deux maisons peuvent être placés de façon à les séparer de la rue par un jardin comme l'indique la figure.

Planche VI. — Plan d'une maison faisant partie du village Azib-Zamoun (Algérie). L'habitation primitive se compose de deux pièces au rez-de-chaussée, d'un abri pour les bœufs et d'un grenier à fourrage. Lorsque la famille se développe, le propriétaire peut surélever la maison soit totalement, soit en partie. Les maisons sont toujours isolées et disposées ainsi que l'indique une portion du plan général.

Les maisons du baron de Behr sont remarquables, car elles sont faites avec de la brique séchée au soleil. Les murs sont enduits à l'extérieur avec du ciment.

Le rez-de-chaussée est vaste et disposé de façon à ce que le fourneau de la cuisine puisse chauffer toutes les pièces.

Le grenier sert de dortoir, soit pour les enfants, soit pour les domestiques.

Planche VII. — Groupe de deux maisons divisées en quatre logements. Les dispositions indiquées par les plans ont été adoptées pour que les pièces d'un même logement soient sur le même carré. A Reims, à Mulhouse, à Berlin et dans diverses autres villes, on a adopté une disposition analogue. Dans quelques cas, les maisons construites suivant ce système sont vendues par annuités lorsque l'acquéreur sous-loue une partie de la maison à une personne solvable, il peut être logé pour une somme insignifiante.

Planche VIII. — Groupe de maisons en ligne, dépendant des Cités ouvrières de Mulhouse. — Les maisons intermédiaires sont très économiques, mais comme elles n'ont qu'une façade exposée à l'air, l'architecte a eu soin de ventiler les chambres à l'aide de conduits en poterie qui débouchent sur le toit et permettent ainsi de se débarrasser de l'air vicié.

Planche IX. — Lotissement d'un terrain de 1,400 mètres, sis boulevard Kellermann. — Plans des maisons d'employés construite en façade sur le boulevard.

Une maison d'employé revient à 6,000 fr.

Les autres maisons construites par M. Cacheux ont été des maisons de trois pièces et cuisine analogues à celles qui ont été cédées à la Société des Habitations ouvrières de Passy-Auteuil.

Planche X. — Lotissement d'un terrain de 9,000 mètres, sis commune des Lilas. — Plans de maisons groupées par quatre suivant le système de Mulhouse et d'habitations ouvrières analogues aux types à façade étroite employés dans le Nord.

Planche XI. — Plan du type des maisons construites par la Société des Habitations ouvrières de Passy-Auteuil à la suite du concours organisé pour tirer le meilleur parti possible de ses terrains.

Planche XII. — Plan de la maison construite, 65, Boulevard de Grenelle, par M. Chabrol, architecte pour le compte de l'Association philanthropique.

Planche XIII. — Plans de maisons à étages construites à Londres et à New-York. Le type anglais a été construit pour le compte de l'Association métropolitaine. Les escaliers sont bien éclairés et parfaitement ventilés.

Dans chaque logement, il y a un privé. Le toit peut être utilisé pour sécher le linge. La cour est vaste et les enfants peuvent y jouer à l'aise. Le type américain dépend du groupe d'habitations élevées par la Société des habitations ouvrières de New-York. — M. White en est l'architecte.

Planche XIV. — Plans divers de maisons à étages. Les maisons de M. de Madre et de M. Puteaux ont rendu des services, mais aujourd'hui on ne construirait plus des habitations aussi peu confortables.

Dans les types étudiés par M. Cacheux, on a cherché à bien éclairer l'escalier et à placer dans chaque logement un privé.

Planches XV et XVI. — Plan des habitations ouvrières construites, en 1889, dans la section d'Économie sociale, sous la direction de M. E. Cacheux.

Planches XVII et XVIII. — Détails relatifs à la canalisation du tout à l'égout, faite par MM. Geneste et Herscher, pour enlever les vidanges et les eaux ménagères.

Chalon-sur-Saône, imprimerie E. LEMOINE